法学を
学ぶのはなぜ？

気づいたら法学部、に
ならないための法学入門

森田果
MORITA
Hatsuru

有斐閣

CHAPTER 3 │ さまざまな**ルール** 040

CHAPTER 4 │ 法を使う 058

CHAPTER 5 | 法をあてはめる ……………………… 071

CHAPTER 6 | 法を使う：応用編 …………………… 089

PART 2 私がこれを学ぶ理由
—— 先輩からの10のメッセージ ……………………… 131

PART 1

法学を
学ぶのはなぜ?

法はなぜ必要か？

　多くの大学には「法学部」という学部があって，そこでは，主に「法律学」あるいは「法学」を学ぶことになっている（日本の大学の法学部では，「政治学」を学ぶこともできるけれども，本書では政治学については取り上げない）。これまで法学部は，卒業後の就職先を考えるときに「つぶしがきく」と言われるなどして，文系学部の中でも入試偏差値が比較的高いことも多かった。

　けれども，なぜ法学部に進学して法学を学ぶことが就職時に「つぶしがきく」ことにつながっていくのか，きちんと説明されることはあまりなかった。法学部で法学を学ぶことは，私たちの将来にとって，本当に役に立つのだろうか？　あるいは，法学を学ぶことに「向き不向き」はあるのだろうか？　法学を学ぶことによって，どんないいこと（悪いこと）があるのだろうか？

法があると社会はどう変わるか

▌　法ルールとは　▌

　法（学）をなぜ学ぶのかを考える前に，法が社会においてどのような役割を果たしており，なぜ必要なのかをまずは考えてみたい。法があってもなくてもどうでもいいものなら，法について学ぶ意味はあまりないことになる。

　そもそも，法ルール──単純に「法」と呼ぶと国会で制定された「法律」のみを指すこともあるが，ここでは「法律」以外のさまざまなルールも含めて考えるので，「法ルール」と呼ぶ──と

は何だろうか。社会には，さまざまなタイプの法ルールが存在しているけれども，法ルールのうちで最もシンプルなかたちは，「要件」と「効果」を組み合わせたものである。つまり，何らかの条件である「要件」が充たされた場合に，何らかの「効果」が発動することを定めているのが，典型的な法ルールのかたちだ。数学やプログラミングに慣れた読者であれば，関数（function）――「入力＝要件」と「出力＝効果」の対応――だと捉えてもよい。

　たとえば，殺人罪（刑法199条）という有名な法ルールをとってみよう。この法ルールは，「人」を「殺す」という要件を充たした場合に，「懲役刑」「死刑」などの刑罰という効果が発生することを定めている。要件と効果の組み合わせはさまざまなバリエーションがあり，殺人罪のように一つの条文に書き込まれているとは限らない。

　たとえば，高校の校則の場合，「携帯電話を持ち込んではいけません」という要件（「携帯電話」の「持ち込み」）に関する条文と，「この校則に違反した場合には，教員による指導の対象となります」という効果（「教員による指導」）に関する条文とが別の場所に書き込まれている場合も多いだろう。あるいは，要件に関する条文のみが存在し，効果に関する条文が存在せず，効果については暗黙の了解としてしか存在しない場合もあるかもしれない。

　法ルールと「インセンティヴ」

　では，特定の要件と特定の効果の組み合わせという法ルールは，何のために存在しているのだろうか。別の言い方をすれば，このようなかたちをとる法ルールが存在することによって，社会に対してどのような違いやメリットが生じてくるのだろうか。こ

のことを考えるために，聞き慣れないことばかもしれないが，イ
ンセンティヴ（incentive）という概念を紹介したい。

　インセンティヴということばは，「誘因」と訳されることが多
い。簡単に言えば「アメとムチ」のことだが，人々の意思決定（法
律用語では意「志」ではなく意「思」を使うことが多い）や行動を変化
させるような要因を意味する。なんらかの意思決定や行動を促す
「アメ」タイプのポジティヴなインセンティヴと，なんらかの意
思決定や行動を抑止する「ムチ」タイプのネガティヴなインセン
ティヴとがあるが，どちらもインセンティヴである。

　たとえば，クラスにとって何か良いことをした際に「クラス
メートから褒められる」ことや，アルバイトをした際に「バイト
代を受け取る」ことは，自分にとってプラスな結果をもたらすの
で，ポジティヴなインセンティヴの典型例だ。このようなイン
センティヴがあるからこそ，「クラスにとって良いことをしよう」
「アルバイトに励もう」といった意思決定や行動がなされやすく
なる。

　他方で，友人にとって何か望ましくないことをした際に，その
友人から「怒られる」こと（あるいは最悪の場合には「友人関係を止
められてしまう」こと）は，自分にとってマイナスで避けたいこと
だから，ネガティヴなインセンティヴの例になる。このようなイ
ンセンティヴがあるからこそ，「その友人にとって望ましくない
ことはしないようにしよう」という意思決定や行動がなされやす
くなるわけである。

　▍　インセンティヴを通じた社会の変化　▍
　法ルールも，特定の要件が充たされた場合に，特定の効果が発

生することを定めている。そうすると，法ルールとは，特定の要件を充たすことを促すインセンティヴ（効果がポジティヴなものである場合）又は特定の要件を充たすことを抑止するインセンティヴ（効果がネガティヴなものである場合）を設定するものだと捉えることができる。たとえば，先に挙げた殺人罪の例で言えば，「人」を「殺す」という要件を充たした場合に，「懲役刑」「死刑」といったネガティヴなインセンティヴ——しばしば，サンクション（制裁）とも呼ばれる——が発動する。

　このように，法ルールがさまざまなインセンティヴを設定するための手段であるとすると，法ルールが何のために存在するかも分かる。インセンティヴは，人々の意思決定や行動を変化させるような要因であり，法ルールがさまざまなインセンティヴを設定することを通じて，法ルールは，人々の意思決定や行動を変化させようとしているのだ。つまり，法ルールは，人々の意思決定や行動を変えることを通じて，社会を変えていきたい場合に使われるツールなのである。

　殺人罪の例で言えば，この法ルールは，「懲役刑」「死刑」といったネガティヴなインセンティヴを設定することを通じて，「人」を「殺す」という要件が充足されにくいように社会を変えていくこと——おそらく，これが望ましいことであることについてはあまり異論はないだろう——を目的としているのである。

　皆さんが政治家や公務員となって社会をより良い方向に変えていきたいと考えたとき，それは多くの場合，法ルールを使うことによってなされる。そうだとすれば，法ルールの仕組みについて理解しておくことは，とりあえず望ましいことだと言えそうだ。

　逆に，皆さんが法ルールによって動かされる社会の側——個人

や企業——であったとしても、自分に対してどのようなインセンティヴが設定されているかを知っておくことは、「賢く」生きていくためにとりあえず有益だと言えそうだ。自分にどんな「効果」がもたらされるのかを知らずに、「要件」にあてはまる行動をとってしまったら、予想外の不利益をこうむるかもしれないからだ。

　法ルールが持つ、インセンティヴの設定のためのツールだという性格について理解するために、例を1つ見てみよう。米国のニューヨーク市での駐車禁止違反をめぐる法ルールが社会にどのような影響を与えたかという例である。

　原付などの運転免許を取るために自動車教習所に通うと、交通ルールを学ぶことになる。その中に、駐車禁止ルールがある。私たちが車を運転する際に、目的地の近くで自由に駐車することができたならば、目的地に容易にアクセスすることができるから便利だろう。けれども、誰もがそう考えて自由に駐車してしまったら、道路が駐車車両であふれてしまい、道がふさがれ、かえって道路交通が不便になってしまう。そこで、どの国においても、駐車をしてよい場所・いけない場所を定めた交通ルール——これも法ルールであり、日本では道路交通法という法律に定められている——が存在している。

　一般的には、駐車禁止の標識がある場所（交通量が多い場所がそうなっているところが多い）、道路の出入り口を塞いでしまうような場所、消火栓の周囲などが駐車禁止になっている。また、駐車を

しても良い場所ではあっても，パーキングメーターの制限時間を超過して駐車している場合には，駐車禁止違反となる。そして，これら駐車禁止違反に該当すると——要件を充足すると——，罰金や最終的には免許停止などにつながる「点数」が与えられるというサンクション——効果——が設定されていることが多い。

▌ 外交官特権 ▌

ところが，外交官については，特別なルールが存在している。外交官は，派遣国において自由に活動できた方が効果的な外交活動を行うことができると考えられている。そこで，国際的には，外交官については罰金や懲役などのサンクションの対象にはしないというルール（「裁判権免除」（外交関係に関するウィーン条約による）と呼ばれている）が認められている。そして，この裁判権免除は，交通ルールにおける駐車禁止違反に対するサンクションについても妥当するとされているのだ。

日本にも，いわゆる外交官ナンバー（青地に「外 – XXXX」などのナンバープレート）を付けた自動車は走っており，東京の各国大使館が集まる地域においてはしばしば見かけることがある。しかし，そのような自動車の量は，東京を走っている自動車の総数に比べればほんのわずかに過ぎないはずだ。このため，外交官特権は，東京ではあまり問題になっていない。

これに対し，ニューヨーク市では，事情が少々違っていた。ニューヨーク市は，米国の首都ではないけれども，国連本部がある。国連本部があるということは，米国と国交のあるなしにかかわらず，世界中の全ての国と地域の外交官がニューヨーク市に集まっていることを意味する。そして，裁判権免除は，通常の外交

官のみならず，国連外交官にもあてはまる。

　そうすると，ニューヨーク市民にとっては交通ルールによって駐車禁止とされている場所であっても，外交官ナンバーを付けている国連外交官であれば，交通ルールを気にせず駐車することができる。そうしても罰金などのサンクションを課されることがない。たとえば，レストランでディナーをとるとか，ミュージカルや映画を見るというときに，レストランやシアターの前の，本来であれば駐車禁止とされている場所に駐車してしまっても，国連外交官であればおとがめなしなのである。一般のニューヨーク市民であれば，駐車場所を探すためにあちこちさまよったり，高い駐車料金を払って駐車場に駐車したりすることになるのに対し，外交官ナンバーを付けている車が正々堂々と駐車禁止違反をしていれば，ニューヨーク市民としては，「あいつら何様だ」という気持ちになるだろう。

▎ 2002年10月の法ルール改正 ▎

　そんな市民感情の高まりを受けて，2002年10月に，2つの法ルールの改正がなされた。当時ニューヨーク州出身の上院議員であったヒラリー・クリントンらが作った連邦法（Clinton-Schumer法）と，ニューヨーク州法とである。連邦法の方は，「外交官によって滞納された罰金の110％の金額を，合衆国の当該外交官の出身国に対するODA（政府開発援助）から控除できる」という内容のものだった。ODAの金額からすれば，たかだか数万円程度の罰金滞納額はたいした金額ではない。それに，そもそも外交官本人から罰金を徴収するのではなく，その出身国から徴収することになるから，外交官本人に対してどれくらいインセンティヴとして

の意味を持つのかは怪しい。

　これに対し，州法の方は，「駐車禁止違反の罰金を3回以上滞納した場合には，外交官ナンバープレートを没収してよい」というものだった。ちょうど野球のように，3ストライク・アウト方式である。外交官ナンバーを没収されること（新しい州法の効果）は，一見大きな問題にはなりそうにないけれど，外交官ナンバーを付けた車は，さまざまな特権を享受できるから，それを失ってしまうことは大きな損失であり，ネガティヴなインセンティヴとして働くことが期待できる。では，この事例において，法ルールによって設定されたインセンティヴによって，人々の意思決定や行動に，どのような変化があったのだろうか？

▎　国連外交官たちの行動の変化　▎

　表1（出典は後掲 図1 参照）は，外交官の出身国ごとに，法ルールの改正前後の駐車禁止違反（罰金が払われなかったものに限る）の件数をまとめたものだ。法ルール改正前の外交官1人あたりの違反件数順に並べられている。ちょっと長い表だけれども，見ているだけでいろいろと想像を働かせたくなる，面白い表だ。まずは一度，この表をじっくりとながめてほしい。あなたなら，この表から何を読みとるだろうか？

　さて，一番ひどいクウェートは，外交官1人あたり年間250件もの違反を犯していたことが分かる。1年は365日だから3日に2回（！）は違反を犯している計算になる。2位のエジプトは140件，3位のチャド・4位のスーダンも120件以上（おおよそ3日に1回）だ。こんなに駐車禁止違反を犯されていたら（違反件数の絶対量はもちろん外交官の数にも依存するが，エジプトは24人もいる），ニューヨー

違反ランキング	国 名	改正前違反件数（外交官1人あたり・年間）	改正後違反件数（外交官1人あたり・年間）	外交官数	腐敗度指数
1	クウェート国	249.3649	0.1453604	9	−1.073995
2	エジプト・アラブ共和国	141.3734	0.3270609	24	0.2488118
3	チャド共和国	125.8865	0	2	0.8368539
4	スーダン共和国	120.5767	0.3737839	7	0.7454281
5	ブルガリア共和国	119.0335	1.635305	6	0.4969548
6	モザンビーク共和国	112.1332	0.0654122	5	0.7691283
7	アルバニア共和国	85.54477	1.853345	3	0.921079
8	アンゴラ共和国	82.70902	1.707985	9	1.047506
9	セネガル共和国	80.21088	0.2081297	11	0.4500545
10	パキスタン・イスラム共和国	70.2858	1.20761	13	0.7552931
11	コートジボアール共和国	67.95644	0.4578853	10	0.3546095
12	ザンビア共和国	61.17092	0.1453604	9	0.562193
13	モロッコ王国	60.76582	0.4040164	17	0.1008777
14	エチオピア	60.44173	0.6214157	10	0.2468383
15	ナイジェリア連邦共和国	59.39656	0.4448029	25	1.005368
16	シリア・アラブ共和国	53.322	1.362754	12	0.5784863
17	ベナン共和国	50.41031	6.500336	8	0.7555962
18	ジンバブエ共和国	46.15308	0.8643753	14	0.1333789
19	カメルーン共和国	44.10585	2.861783	8	1.110222
20	ユーゴスラビア連邦共和国	38.51878	0.0545102	6	0.9677973
21	バーレーン国	38.22459	0.6541219	7	−0.4061439
22	ブルンジ共和国	38.21495	0.1090203	3	0.7967861
23	マリ共和国	37.91787	0.5232975	5	0.5788466
24	インドネシア共和国	36.52431	0.7326165	25	0.9548278
25	ギニアビサオ共和国	35.24417	0.5887097	5	0.5747287
26	ボスニア・ヘルツェゴビナ共和国	34.94034	0.1090203	6	0.348885
27	南アフリカ共和国	34.4766	0.4991983	19	−0.4151465
28	サウジアラビア王国	34.24829	0.5178465	12	−0.3455626
29	バングラデシュ人民共和国	33.39588	0.2861783	8	0.4018207
30	ブラジル連邦共和国	30.26015	0.2279516	33	−0.0963301
31	シエラレオネ共和国	25.87611	1.144713	4	0.7202495
32	アルジェリア民主人民共和国	25.56839	1.358561	13	0.7022655
33	タイ王国	24.78934	0.9811828	13	0.2638827
34	カザフスタン共和国	21.35806	0.2543807	9	0.8608617
35	モーリシャス共和国	20.71102	0.0817652	4	−0.2027801

36	ニジェール共和国	20.18775	2.507467	3	0.8779027
37	チェコ共和国	19.09783	0	7	−0.3539771
38	レソト王国	19.07371	0.2180406	6	−0.025908
39	ボツワナ共和国	18.68549	0.2452957	8	−0.5292959
40	ブータン王国	18.63485	0.2616487	5	−0.4618587
41	スリランカ民主社会主義共和国	17.37902	0	5	0.2394222
42	チリ共和国	16.72507	0.2102535	14	−1.197945
43	チュニジア共和国	16.68298	0.6243891	11	−0.1143451
44	ネパール王国	16.67684	0.0545102	6	0.5934016
45	イラン・イスラム共和国	15.9409	0.016353	20	0.6317656
46	フィジー共和国	15.66408	0.3270609	3	−0.2027735
47	イタリア共和国	14.76103	0.7972111	16	−0.9979128
48	リベリア共和国	13.67231	0.8721625	6	1.435285
49	マラウイ共和国	13.16593	0.0545102	6	0.50155
50	パラグアイ共和国	13.16593	0.5451016	6	0.9678659
51	ルワンダ共和国	13.09841	1.199223	3	0.5450571
52	ウクライナ	13.05018	0.7008448	14	0.8933979
53	スペイン	12.89586	0.5232975	15	−1.587808
54	フィリピン共和国	11.65691	0.0817652	20	0.262519
55	ガーナ共和国	11.42397	0.1635305	10	0.4436307
56	モーリタニア・イスラム共和国	11.34295	0.2616487	5	0.2933282
57	ギニア共和国	10.91759	1.34095	10	0.8174796
58	エストニア共和国	10.66778	0.4360813	3	−0.4869594
59	モンゴル国	10.33019	0.0654122	5	0.2781008
60	アルメニア共和国	10.22891	0.1635305	4	0.7100782
61	コスタリカ共和国	10.21292	0.0688549	19	−0.7100738
62	コモロ・イスラム連邦共和国	10.06012	5.232975	3	0.7967861
63	カンボディア王国	10.04661	0.0654122	5	1.270946
64	トーゴ共和国	10.0061	0.9811828	5	0.4470659
65	ベトナム社会主義共和国	9.95209	0.0436081	15	0.6010588
66	グルジア共和国	9.849126	0.3679436	8	0.6432168
67	中華人民共和国	9.61098	0.0663602	69	0.1363162
68	イエメン共和国	9.216148	0.0817652	8	0.5743531
69	ベネズエラ共和国	9.190829	0.1022065	16	0.771975
70	ポルトガル共和国	8.89966	0.7767697	16	−1.556804
71	ウズベキスタン共和国	8.871809	0.1308244	5	0.9778004
72	マダガスカル共和国	8.811044	0.5723566	8	0.7981383
73	タンザニア連合共和国	8.3553	0.7358871	8	0.9496567

表1

74	社会主義人民リビア・アラブ国	8.349673	0.3270609	9	0.9076868
75	ケニア共和国	7.816152	0.0384778	17	0.9194611
76	コンゴ共和国	7.764521	0.0545102	6	0.9916213
77	クロアチア共和国	6.616722	0.1817005	9	0.3269594
78	ジブチ共和国	6.549204	0	3	0.7967861
79	スロバキア共和国	6.498566	0.1635305	12	0.0834917
80	ザイール共和国	6.414169	0.2180406	6	1.582807
81	フランス共和国	6.167381	0.1353356	29	−1.751142
82	インド	6.166605	0.5451015	18	0.1744913
83	ラオス人民民主共和国	6.166605	0	9	0.7023333
84	トルクメニスタン	5.874029	0	4	1.12806
85	パプアニューギニア	5.603959	1.744325	3	0.7046409
86	ホンジュラス共和国	5.502682	0	6	0.7477467
87	スロベニア共和国	5.266371	0.4497088	8	−0.8272196
88	キルギスタン共和国	5.22586	1.046595	5	0.6927598
89	ニカラグア共和国	4.928783	0.4360813	9	0.7532402
90	ウルグアイ東方共和国	4.474574	0.0891984	11	−0.4192764
91	スワジランド王国	4.369351	0.4672299	7	0.191239
92	タジキスタン共和国	4.354884	0.1635305	4	1.116204
93	ナミビア共和国	4.253607	0.0891984	11	−0.236376
94	メキシコ合衆国	4.040394	0.0172137	19	0.3913722
95	アルゼンチン共和国	3.997751	0.3614884	19	0.2235667
96	シンガポール共和国	3.578431	0.1635305	6	−2.495611
97	ルーマニア	3.564928	0.3270609	10	0.3775571
98	ウガンダ共和国	3.501268	0.233615	7	0.6193597
99	ハンガリー共和国	3.34212	0.0817652	8	−0.6910122
100	北マケドニア	3.291482	0.1635305	4	0.2960382
101	ボリビア共和国	3.105808	0	9	0.4136468
102	ペルー共和国	3.105808	0.3634011	9	0.1700574
103	ハイチ共和国	3.038291	0.0363401	9	0.8490422
104	ヨルダン・ハシミテ王国	2.970773	0	9	−0.2061452
105	ベラルーシ共和国	2.734462	0	8	0.5959899
106	ベルギー王国	2.719994	0.140169	14	−1.232567
107	キプロス共和国	2.504288	0.0594656	11	−1.378023
108	ガイアナ協同共和国	2.309101	0.1308244	5	0.2627998
109	オーストリア共和国	2.22808	0.5139529	21	−2.021086
110	ガボン共和国	2.22808	0.2861783	8	0.8977796
111	ロシア連邦	2.065567	0.0266212	86	0.6913071
112	リトアニア共和国	2.054463	0.046723	7	−0.0741778

113	エルサルバドル共和国	1.721698	0.2616487	10	0.2708598
114	ポーランド共和国	1.679996	0.0384778	17	−0.4892987
115	ガンビア共和国	1.493826	0.2861783	8	0.4915247
116	マレーシア	1.449031	0.2012683	13	−0.7347745
117	トリニダード・トバゴ共和国	1.417869	0.1635305	6	−0.1269014
118	レバノン共和国	1.350351	0	3	0.3229197
119	ドイツ連邦共和国	0.9738111	0.1006341	52	−2.208087
120	エリトリア	0.8102109	0	3	−0.4618587
121	モルドバ共和国	0.6582963	0	4	0.5081791
122	大韓民国	0.4357952	0.1883078	33	−0.1072172
123	ドミニカ共和国	0.1381041	0	22	0.5277573
124	フィンランド共和国	0.1350351	0	18	−2.553532
125	グアテマラ共和国	0.1125293	0.0726802	9	0.6341379
126	スイス連邦	0.0810211	0	10	−2.582988
127	ニュージーランド	0.0759573	0	8	−2.54543
128	英国	0.0392038	0.0105504	31	−2.325293
129	オランダ王国	0.0238297	0.0961944	17	−2.484914
130	アラブ首長国連邦	0	0	3	−0.7794677
131	オーストラリア	0	0.0272551	12	−2.205975
132	アゼルバイジャン共和国	0	0.9811828	5	1.013222
133	ブルキナファソ	0	0.1962366	5	0.5066802
134	中央アフリカ共和国	0	0	3	0.5450571
135	カナダ	0	0	24	−2.508467
136	コロンビア共和国	0	0	16	0.6088898
137	デンマーク王国	0	0.0192389	17	−2.572823
138	エクアドル共和国	0	0	9	0.7397575
139	ギリシア共和国	0	0.1090203	21	−0.8515174
140	アイルランド	0	0.0654122	10	−2.153194
141	イスラエル国	0	0.0872163	15	−1.407535
142	ジャマイカ	0	0	9	0.262162
143	日本国	0	0.0139175	47	−1.159243
144	ラトビア共和国	0	0	5	0.1023709
145	ノルウェー王国	0	0	12	−2.34624
146	オマーン国	0	0.2616487	5	−0.8924087
147	パナマ共和国	0	0	8	0.2805472
148	スウェーデン王国	0	0	19	−2.54872
149	トルコ共和国	0	0	25	0.0067699

表1

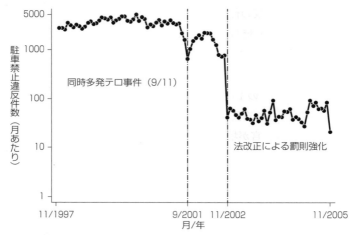

Raymond Fisman, et al. *Corruption, Norms, and Legal Enforcement: Evidence from Diplomatic Parking Tickets. Journal of Political Economy* 2007, 115:1020–1048. DOI: 10.1086/527495 Copyright © 2007 The University of Chicago.

図1

ク市民の堪忍袋の緒が切れたのも納得できるだろう。それが，法ルール改正後は，外交官1人あたりの駐車禁止違反件数は，年間1件以下に激減している。

　このビフォー・アフターをまとめたのが， 図1 のグラフだ。月ごとの全ての外交官による駐車禁止違反の総数の経時変化を追ったこのグラフは，対数グラフといって読み方にちょっと工夫がいる。縦軸については1目盛り増えるごとに違反件数が10倍になる。

　経時変化を見ていくと，2001年9月のいわゆる世界同時多発テロのときに，テロの被害を受けたニューヨーク市では駐車禁止違反が減っていることが分かる。もっとも，テロの際にはそもそも外出する人が（あるいは外交官の人数自体も）減っていただろうか

ら，駐車禁止違反の件数が減ったことはさほど不思議ではない。実際，テロの後しばらくすると，駐車禁止違反の件数はほぼ元のレベルに戻っている。

　ところが，法ルールが改正された2002年11月以降は，それ以前のおよそ100分の1に違反件数が激減しているのだ。もちろん，他のニューヨーク市民と同様に，罰金を払った上で駐車禁止違反をしている外交官が増えただけにすぎない可能性もあるけれども。ニューヨーク市民万歳！

▌ 法 ル ー ル 改 正 の 与 え た 影 響 に 対 す る 評 価 ▌

　このように，外交官ナンバーの没収というネガティヴなインセンティヴの設定によって，2002年10月の法ルール改正は，それ以前に駐車禁止違反を繰り返していた国連外交官たちの行動を大きく変えることができた。法ルールによって新たなインセンティヴを導入することによって，法ルールの対象とする人々の行動を変え，より望ましい社会を作り出すという目的の達成に成功したわけである。

　もっとも，ここにいう「より望ましい社会」というのが，誰にとって望ましい社会なのか，という問題は残るかもしれない。確かに，国連外交官による駐車禁止違反が多発している状態は，ニューヨーク市民にとって望ましくない社会であり，駐車禁止違反の減った社会の方が望ましい状態だと言えそうだ。しかし，米国民全体，あるいは，国際社会全体からすると，緊急の外交案件があるときなどにわざわざ駐車場を探す心配をせずに，どこにでも車を駐車してすぐさま外交案件に取りかかれる，といった状態の方が望ましいかもしれない。つまり，外交官は，駐車禁止違反

を犯しても罰金を支払わなくてもよい，という社会の方が望ましい可能性もあるのだ。このように，確かに，法ルールは，インセンティヴを設定することによって人々の行動を変え，特定の社会目的を実現しようとするためのツールではあるけれども，その社会目的自体が本当に望ましいのか，という点については，また別の問題が残されていることになる。

▌ 国連外交官たちの行動は本当に変化したのか？ ▌

ニューヨーク市の駐車禁止違反の話は，法ルールが果たす役割について，もう1つ興味深い示唆を与えてくれる。もう一度， 表1 に戻ってみよう。

ランキング上位の国々の外交官は，確かに駐車禁止違反を頻繁に繰り返している。しかし，ランキング下位の国々の外交官はそうでもない。たとえば，143位に位置する日本は，2002年10月の法ルール改正前の駐車禁止違反の件数は0件で，改正後も0.01件にすぎない（誰かが罰金を支払い忘れたのか？）。 表1 全体を見渡してみると，アフリカ・中近東・東欧などの国々が上位に位置し，いわゆる先進国は下位に位置する傾向が強いことが感じ取れるだろう。

そこで，世界銀行の研究者たちが作成した国別の腐敗度指数（corruption index：賄賂などがどれくらい行われているかを示すもので，値が大きいほど腐敗度が高い）と，外交官1人あたりの駐車禁止違反件数との関係を見ると， 図2 のようになる（これも縦軸は対数目盛りになっている）。国名はアルファベット3文字の略称になっている（ワールドカップやオリンピックで使われているのと同じ）。日本はJPN，クウェートはKWT，エジプトはEGYなどと表記さ

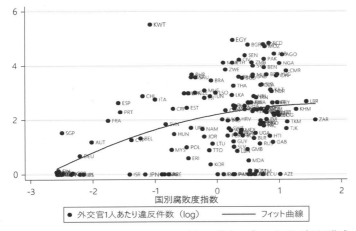

図1の論文のデータを元に森田が作成

図2

れている。

　これを見ると，腐敗度指数と違反件数との間に右肩上がり，す
なわち，腐敗度が高い国出身の外交官であるほど，違反を犯しや
すいという関係があると言えそうだ。逆に言うと，腐敗度の低い
国出身の外交官であれば，法ルールによって設定されたインセン
ティヴがない状態であったとしても，交通ルールをきちんと守っ
ていたことになる。

　では，なぜ，法ルールの設定したインセンティヴが存在しない
にもかかわらず，一部の国の外交官たちは交通ルールを遵守して
いたのだろうか？　すこし立ちどまって考えてみてほしい。

法ルール以外のインセンティヴの存在

　この問いに対しては，次のように考えられる。実は，法ルール

が設定するインセンティヴは，人々の意思決定や行動に影響を与える要因の１つに過ぎない。そのような要因は，法ルールの設定したインセンティヴ以外にも数多く存在している。そうすると，もしそのような他の要因が十分に機能しているのであれば，法ルールによって追加的にインセンティヴを設定したからといって，人々の行動は大して変わらないかもしれない。

　ニューヨーク市の国連外交官についてもいろいろな仮説を考えることができるけれども，たとえば，次のような要因が機能していた可能性がある。

　まず，国連外交官たちは，出身国の評判を傷つけることを気にしたのかもしれない。たとえば，日本の国連外交官がニューヨーク市において，外交官ナンバーをつけておおっぴらに駐車禁止違反を繰り返していたならば，ニューヨーク市民の対日感情が悪化するかもしれず，それは日本の対米外交にとって望ましいことではないだろう。日本の国連外交官たちが，対日感情を悪化させず日本の評判を守ることを気にしているのならば，駐車禁止違反をすることによって日本の評判が下がる可能性があるということは，大きなインセンティヴとなるだろう。

　あるいは，腐敗度指数の高い国出身の外交官たちは，腐敗度指数の低い国出身の外交官たちと比べ，出身国において普段から法ルールに従わない習慣がついているから——腐敗度指数の高い国では，法ルールに従わなくとも賄賂などで法ルールの効果を変えてしまえるから，法ルールのインセンティヴが効かないかもしれない——，その習慣をニューヨークの国連本部に派遣されても続けているだけかもしれない。

　このように，法ルールの設定するインセンティヴは，人々の意

思決定や行動に影響を与える要因の１つでしかなく，法ルール以外にもさまざまな要因によって人々の意思決定や行動，ひいては社会のあり方は変わってくる。ということは，特定の社会目的を実現するためには，法ルールというツールを活用することによってそれを実現することも可能だし，場合によっては法ルール以外のツールを活用することによってそれを実現することも可能だということになる。

　法ルールを活用した方がよいのか，それとも，法ルール以外のツールを活用した方がよいのかは，どちらの方がより実効的にその社会目的を実現できるのかによって決まってくることになるだろう。場合によっては，法ルールに頼らないことが望ましいこともあるのだ。

法ルールが社会にもたらす効果

常に成功するとは限らない

　ここまで見てきたように，法ルールは，インセンティヴを設定することによって人々の意思決定や行動に影響を与え，社会を特定の方向へ導いていこうとするためのものである。けれども，私たちは，人々がインセンティヴに対してどのように反応するのか，そして人々の行動によって社会がどのように変わっていくのかについて，必ずしも十分に知っているわけではない。

　人々は，法ルールの設定するインセンティヴに対し，想定していたほどには反応しないかもしれないし，逆に反応しすぎるかもしれないし，あるいは，想定していたのとは全く違う反応を引き起こすかもしれない。この意味で，私たちは，特定の社会目的を

実現しようと考えて法ルールによるインセンティヴを導入したつもりだったのに，「間違った」法ルールを設定してしまい，その結果として社会を思っていたのとは違う，望ましくない方向に導いてしまうかもしれない。

▍ 具体例：福島県立大野病院事件 ▍

そんな「失敗例」としてここでは，福島県立大野病院事件を取り上げよう。

2004年12月17日，福島県の浜通り（沿岸部）にあった福島県立大野病院で，妊婦が死亡した。死亡原因は，帝王切開による出産時の癒着胎盤の剥離に伴う出血多量で，事前に予測して対処することは難しいケースだった。大野病院を運営していた福島県は，医師賠償責任保険で遺族への見舞金を支払おうと考え，事故調査委員会を立ち上げた上で，この妊婦に執刀した産科医にミス（過失）があったとした報告書を作成させた（賠償責任保険の保険金は，医師にミスがあったときにしか下りないため）。ところが，この報告書を契機に，遺族およびメディアによる産科医バッシングが始まり，その声に押された福島県警察と検察は，2006年２月18日にこの産科医を逮捕し，３月10日に業務上過失致死罪で起訴した。

業務上過失致死罪（刑法211条）とは，「業務上必要な注意を怠ることにより」「人を死なせる」という要件を充たした場合に，懲役刑などのサンクションを発動させる法ルールである。このケースでは，産科医が注意を怠ってミスを犯したことにより，妊婦を死なせていると検察は考えたわけである。

ところが，前述したように，このケースにおいては，この産科医は執刀時にミスを犯しておらず，実際，約２年半後の2008年8

月20日，福島地方裁判所で無罪判決が言い渡された。この意味で，福島県の検察官たちは，業務上過失致死罪の要件を充たしていない産科医を「間違って」起訴したわけである。

　この結果，福島県において産科医として働いていると，同様に「間違って」起訴されてしまう危険性が，他の都道府県で働いている場合に比べて高まったことになる。これは，ある事件を起訴するかどうかは検察官が自由に決められることになっており（「起訴裁量」と呼ばれる），都道府県によって異なる検察官が事件を担当するので，福島県で産科医として働いている限り，同じ検察官によって同様の「間違い」が引き起こされる可能性が高くなると考えられるからだ。

▎起 訴 が も た ら し た 効 果 ▎

　では，この「間違った」起訴によってどのような結果が発生しただろうか。 図3 は，事件の前後の人口10万人あたりの産科医・産婦人科医数の変化， 図4 は，同じく婦人科医数の変化を示したものだ。日本では，産科だけに従事する医師はあまり多くなく，婦人科にも同時に従事する産婦人科医が多いので，ここでは産科医と産婦人科医とを合計している。実線が福島県での医師数の変化で，破線は「もしも福島県で大野病院事件が発生していなかったらどうなっていたか」という仮定の状態だ。

　2つの図から分かるように，産科医の起訴の後，福島県では産科医・産婦人科医が10％以上減少し，その一方で，その減少数の7割くらい婦人科医が一時的に増えている。

　婦人科医は，産科医・産婦人科医と異なって，出産を取り扱わない。出産の際には，妊婦や新生児に死亡や障害のリスクがある

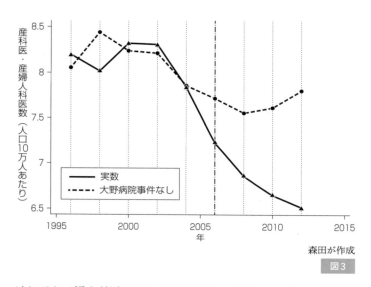

森田が作成

図3

けれども，婦人科医にはそのようなリスクがない。そこで福島県の産科医・産婦人科医たちは，福島県から出て行くか，あるいは，婦人科に転科したのではないかと推測される。そして，このように産科医・産婦人科医が福島県において減少したことによって，福島県の出産をめぐる医療状況は悪化し，実際，この後に新生児死亡率も上昇してしまっている。

　業務上過失致死罪は本来，「注意を怠る」ことに対してネガティヴなインセンティヴを設定し，人々に「より注意深くなろう，ミスを減らそう」とするインセンティヴを与えることによって，医療事故の少ない社会を実現することを目的とするものだった。ところが，この事件では逆に，医師たちに福島県において出産を取り扱うことを止めようというインセンティヴを与えてしまい，かえって新生児死亡率を上昇させるという，想定とは逆の結果を生

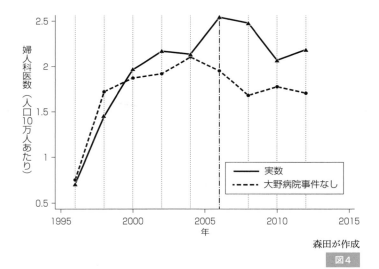

森田が作成

図4

み出してしまっている（しかも，最終的には無罪になっているにもか
かわらず！）。

　法ルールが設定するインセンティヴにはさまざまなものがある
けれども，業務上過失致死罪が設定している懲役刑などのサンク
ション──刑事罰と呼ばれる──は，その中でもかなり強力なも
のであり，この事件に対して刑事罰をあてはめるのは，インセン
ティヴとして強すぎたのだということになる。

　　　▌　法ルールのもたらす意図せざる結果　▌

　さらに，法ルールによるインセンティヴの設定は，想定してい
たのとは全く違う反応を引き起こしてしまうこともある。有名な
例は，イスラエルにおいて行われた，延長保育をめぐる実験だ。
　イスラエルのある保育園で，保育時間外の延長保育がボラン

ティアベースで行われていた。両親が保育時間内にやむを得ずに園児の引き取りに来ることができない場合には，保育園が善意で園児を預かり続けていたのである。ところが，延長保育は，保育園で働く保育士にとっても負担なので，延長保育の数を減らしたいと考えた保育園は，延長保育について罰金制を導入することにした。

この罰金制は，国などの「法律」ではないので法ルールではないけれども，法ルールと同じく「ルール」である点は共通している。すなわち，「保育時間外においても保育すること」が要件であり，「罰金の支払」が効果だ。このネガティヴなインセンティヴの設定により，延長保育を利用しようとする保育園利用者が減ることを保育園は期待していた。

ところが，罰金制の導入前は，保育園の善意に頼っていた保育園利用者たちは，罰金制導入後は，「罰金を支払えば延長保育を依頼してもいいのだ」と考え方を変えてしまい，罰金制導入前よりもかえって延長保育の利用数が増えてしまった。このケースでは，罰金制というルールの導入前は，「保育士たちの善意に頼りすぎることによって保育園との関係を悪化させないようにしよう，保育園に負担をかけないようにしよう」という考えが，延長保育の利用に対するネガティヴなインセンティヴとして働いていた。これに対し，罰金制導入後は，このネガティヴなインセンティヴが消滅してしまい，「罰金の支払」が代わりに延長保育利用料金として働くようになったわけである。ルールによって新しく導入されたインセンティヴが，従来存在していたインセンティヴを消滅させてしまうという，想定外の結果を引き起こしてしまったのだ。

　この事例は，ルールの設定するインセンティヴの効果を知ることは必ずしも容易ではなく，場合によっては，当初実現しようとした社会目的を達成できないこともあることを再び教えてくれる。

　それでは，このケースで延長保育を減らすためには，どうすればよかったのだろうか？　いったん罰金制を導入してしまった後の対処法として考えられるものの1つは，罰金の金額を変化させる（増額する）ことによって，インセンティヴの大きさを調整することだ。そのような調整は，どのような効果をもたらすだろうか？　あるいは，罰金によらない対処法は考えられるだろうか？

法 の は た ら き

　前章で見てきたように，法ルールの基本的な機能は，インセンティヴの設定を通じて人々の意思決定・行動をコントロールし，社会を一定の方向へと導くことである。もっとも，そこで見てきた法ルールはいずれも，社会的に望ましくない行為（駐車禁止違反，注意を怠ること，延長保育の利用）を抑止するためのサンクションを設定するタイプのものだった。そこで今度は，法ルールがインセンティヴを少し違ったかたちでコントロールしている様子を見てみよう。

交 換 取 引 と 法 ル ー ル

交 換 取 引

　いま，2人の人，AさんとBさんしか存在しない架空の世界を考えてみよう。Aさんはリンゴの木を植えてリンゴを育てており，Bさんはミカンの木を植えてミカンを育てている。ある冬，Aさんはリンゴを20個，Bさんはミカンを40個収穫できた。AさんもBさんも，自分の収穫した果物1種類だけを食べているよりは，2種類の果物を両方食べた方が飽きが来にくいのでうれしい。

　この場合，Aさんの収穫したリンゴとBさんの収穫したミカンとを交換する取引（これを「交換取引」と呼ぶ）が実現できれば，AさんもBさんも，2種類の果物を食べることができるので，交換取引を行う前に比べて「よい」状態になる。この交換取引に

よって状態が2人とも改善するのであれば，このような交換取引を実現しようというインセンティヴを両者が持つことになるから，A・B2人ともこのような交換取引をすることに同意するだろう——このように，両者がともに特定の取引に同意することを，法律用語では「合意」と呼ぶ。両者による合意が実現する限りにおいて，このような取引は，この世界のメンバー全て（ここではAさんとBさん）にとって望ましい取引だから，このような取引は実現されることが望ましい。

　もっとも，交換の内容によっては，A・Bの「合意」が実現できない場合もあるだろう。たとえば，AさんがBさんに10個（収穫量の半分）のリンゴを渡すのに対し，BさんがAさんに対して1個しかミカンを渡さないという内容の交換では，Aさんは，自分の手放すリンゴに見合ったミカンを得られないとして，この交換によってかえって状態が悪化するとして「合意」を拒むはずだ。にもかかわらず，Bさんがこのような交換を実力（例えば暴力）で実現しようとしたら，Aさんは，そのような実力による実現から自分を守るために実力を備えなければいけなくなってしまい，この世界に大きな無駄が発生してしまう。この極端なケースが，BさんがAさんからリンゴを「盗む」ケースである。

▌ 法ルールによる対処 ▌

　このような誰にとっても望ましくない事態が発生することを避けるための1つの方策は，法ルールをこの世界に持ち込むことだ。自発的な合意なくして交換取引を実現させてはいけない・相手方の意思によらずに相手方からモノを奪ってはならない，という法ルールを導入する。それと同時に，このルールに違反した行

動がなされた場合には，そのような行動をキャンセルする——自発的な合意がなされていない場合には交換取引がなかったことにするとか，相手方の意思によらずしてモノが奪われた場合にはそれを元のところに戻すとか——ための仕組みが必要だ。実際には，AさんBさんのような個人が実力を行使する代わりに，国家権力によってこれらの行動をキャンセルしてもらうことになる。

　もちろん，このような仕組みを導入するためには，AさんBさん以外のメンバー（あるいはロボットでも）が必要になるから，余計なコストがかかる。しかし，そのような仕組みの運用のためのコストをかけてでも，このような法ルールが存在した方が，法ルールの存在しない世界よりも望ましいと考える人は多いのではないだろうか。

▎　2つの法ルール　▎

　ここで必要となる法ルールは，2つある。1つは，自分のモノを守るための法ルールである。モノを持つ（法学の固いことばでは「所有する」と呼ぶ）ための権利なので，これを「所有権」と呼んでいる（厳密にはやや不正確だが）。あるモノについて「所有権」を持っている人は，自分が所有するモノを自由に使うことができる。売ってしまっても壊して捨ててしまっても構わない（実は議論はある——たとえば，金閣寺の所有者は，自分が所有する金閣寺に火をつけて燃やしてしまってもよいだろうか？）。逆に，所有権を持っている人から，その人の意思に従わずに，そのモノを奪ってはならないことになる。これが，所有権という法ルールだ。

　もう1つは，「自発的な合意」がなされることを確保するため

の法ルールだ。たとえば，相手方を酔っ払わせた上で交換取引に同意させたとしても，相手方はそのような交換取引について「本当に」合意しているとは言えない。また，ミカンの価値とリンゴの価値についてだまされて交換取引に同意させられたような場合にも，「真の」合意があったとは言えないだろう。ナイフを突きつけられて同意させられたような場合も同じだ。そのような交換取引によっては，当事者の一方の状態が取引前よりも悪くなっている可能性があるからだ。

時間または地理的なギャップがある場合

ここまで見てきたように，単純な交換取引を実現させるためだけであっても，「所有権」および「合意」に関する法ルールが必要になってくることが分かる。そこで次に，交換取引を一段階複雑化させ，2つのモノの交換行為の間に，時間的あるいは地理的なギャップがある場合を考えてみよう。

先ほどの架空の世界を少し変えて，Aさんはリンゴを育てているが，Bさんはミカンではなくスイカを育てているとしよう。Aさんが冬にリンゴを20個収穫し，Bさんは次の夏にスイカを10個収穫する予定である。リンゴとミカンの場合と同様に，AさんもBさんも，1種類の果物だけを食べるより2種類の果物を食べた方がうれしい。したがって，AさんがBさんに冬にリンゴを引き渡し，BさんがAさんに夏にスイカを引き渡すという交換取引が実現すれば——困ったことに，この世界には冷蔵設備が存在しないので，Aさんのリンゴを夏まで冷蔵保管することができないものとしよう——，AさんもBさんも状態が改善する。では，AさんにもBさんにも望ましいこの交換取引は，リンゴとミカ

ンの交換取引と同様，実現されるだろうか？

　残念ながら，このままではリンゴとスイカの交換取引は実現しそうにない。なぜだろうか？

　たとえば，Ａさんが冬にリンゴをＢさんに引き渡したけれども，夏になってＢさんがＡさんにスイカを引き渡さないということが考えられる。なぜなら，Ｂさんはリンゴもスイカもたくさん食べられる方がうれしいので，夏が来た段階ではＢさんはスイカを引き渡さないインセンティヴがあるからだ。

　ところが，これでは，Ａさんは，リンゴを引き渡したにもかかわらず，スイカを受け取れないことになってしまうから，交換取引の合意前よりも状態が悪化してしまう。Ｂさんがこのような行動をとることを予想するＡさんは，そもそも，冬の時点でＢさんに対してリンゴを引き渡すことはやめてしまうだろう。そうすると，このような交換取引は，初めから実現しないことになってしまう。

▌　なぜギャップがあると交換取引は失敗するのか？　▌

　リンゴとスイカの交換取引が，リンゴとミカンの交換取引と異なる問題点を持っているのは，Ａさんの引き渡しのタイミングとＢさんの引き渡しのタイミングとがずれており，Ａさんが先に引き渡した上で，「将来，Ｂさんも引き渡してくれるだろう」と信頼しなければいけない点である（専門用語で「先履行」と呼ばれる）。このような問題点は，引き渡しのタイミングがずれている場合だけでなく，引き渡しの場所がずれている場合にも発生する。引き渡しの場所がずれている場合にも，「違う場所で，Ｂさんも引き渡してくれているだろう」と信頼できなければ，交換取引が実現

しないからである。では，このような問題点を克服して，ギャップのある交換取引を実現するためには，どうすればよいだろうか。

１つの方法は，先ほどと同様に，法ルールを活用する方法だ。今度は，「合意は守られなければならない」という法ルール，別の言い方をすれば，もし合意が守られなかったら，「国家権力」がＡさんとＢさんとの間で合意された内容を実現してくれる，という法ルールを導入すればよい。もし，Ｂさんが当初の交換取引の合意を守らず，夏になってスイカを引き渡さなかった場合，Ａさんは，裁判所と公権力によってＢさんからスイカを取り上げて自分の元に持ってきてもらえるのである。

このような法ルール（「契約法」と呼ばれる）が存在していれば，Ａさんは，夏になってＢさんが合意を守らないかもしれないと心配する必要はなく，安心して冬にリンゴを引き渡すことができる。Ｂさんからすれば，夏になって合意を守らなかった場合には，公権力によってスイカを取り上げられてしまうから，合意をあえて破るインセンティヴはなくなる。つまり，ここでも，契約法は，Ｂさんに対して「合意を守ること」へのインセンティヴを設定しているのである。

ここで注意してほしいのは，契約法が存在することは，Ａさんにとって有益なだけでなく，Ｂさんにとっても有益だ，という点だ。なぜだろうか？

Ｂさんにとっては，Ａさんとの交換取引の合意を守らなかった場合，公権力によって自らのスイカを取り上げられてしまうから，一見不利益に思えるかもしれない。しかし，前に述べたよ

うに，契約法が存在しなければ，そもそもAさんとBさんとの間で交換取引について合意することは難しい。その状態に比べれば，契約法のバックアップによってAさんの信頼を勝ち取り，Aさんとの間での交換取引を実現できることは，スイカだけでなく，スイカとリンゴの2種類の果物を楽しむことができるという意味で，Bさんにとっても望ましい状態なのである。

▌ 契約法のデメリット ▌

もっとも，所有権などの法ルールについて述べたのと同様に，契約法という法ルールを導入し運用することには，国家権力という追加的な仕組みを持ち込むことになるから，多くの余計なコストがかかる。裁判所——AさんとBさんの間の合意内容がどのようなものであったのかを確認するための公的機関——を運営することはタダではできないし，弁護士に事件の解決を依頼すれば，弁護士に対して報酬を支払う必要も出てくる。裁判所の判決はすぐに出るわけではないから，時間もかかるし，裁判所に行くということ自体，心理的な負担を発生させるかもしれない。

歴史的に見ても，国家権力あるいは裁判所という仕組みが実効的に機能している状況は，古くからあったわけではない。実効的な裁判所が存在しない状況というのは，多くの地域・時代において見られる。日本だって，きちんとした裁判所ができたのは明治維新以降で，それ以前に今日私たちが見ているような裁判所という仕組みがあったわけではない（それなりのものはあったけれども）。

にもかかわらず，交換取引は，歴史上，いついかなる時にも行われてきたはずだ。たとえば，マルコ・ポーロや同時代の商人たちは，シルクロードの東西で交換取引を行っていたはずだ。では，

実効的な裁判所が存在しない世界では，どのようにして交換取引が実現されてきたのだろうか？

▌ 契約法によらない対処法その1 ▌

法ルールに依存しないで交換取引を実現するための1つの方法は，お金（貨幣）を利用することだ。Aさん・Bさんの例で言えば，冬にAさんのリンゴとBさんのお金を交換し，夏にBさんのスイカとAさんのお金を交換するのである。こうすれば，交換のタイミングにギャップが生ずることはなく，同時交換が2回行われることになるから，「自分が先に引き渡しても，後から相手から受け取ることができるかどうか分からない」という不安定な状況に置かれることはない。

お金は，その価値が時間を通じて比較的安定しているため，価値を保存し，交換の手段として使うことができるのである。お金を活用することによって，コストのかかる契約法という法ルールの出番は大きく減る。実際，私たちは，スーパーやコンビニで日常的に買い物をする際に，法ルールの存在を意識することはほとんどないけれども，その原因の1つは，お金を利用していることにあるのだ。

▌ お金の限界 ▌

しかし，現実に行われている交換取引では，お金を利用してさえ，交換のタイミングが食い違ってしまう場合も多い。たとえば，スーパーやコンビニは，食品などの商品を納入業者から購入して店頭で私たち消費者に販売している。スーパーやコンビニと納入業者との間のこの交換取引では，お金が利用されているにも

かかわらず，交換のタイミングにギャップが発生しているのが通常だ。

　スーパーやコンビニでバイトをしたことがある人なら分かると思うが，スーパーやコンビニは，納入業者が商品を納入したときに，同時にその代金を支払っているわけではない。いったん，商品の引渡しを受けた上で，その代金は，1か月分などをまとめて後日銀行振込などで支払っているのが一般的だ。これは，スーパーやコンビニなどのビジネスモデルが，商品の売上を実現してから，その売上金の中から納入業者に対して代金を支払うという形をとっていることなどが原因だ。

　この場合についても，法ルール（契約法）を活用することができれば，納入業者たちは，スーパーやコンビニが将来きちんと代金を支払うであろうことを信頼することができ，安心して事前に商品を納入できるようになる。

▌　契約法もお金も不十分な場合　▌

　けれども，前に述べたように，歴史的には，裁判制度によって裏付けられた契約法がきちんと機能するのは，必ずしも古いことではない。それに，いちいち裁判所に行って「スーパー・コンビニが代金を支払ってくれません」と訴えることも，時間的にも金銭的にも心理的にも負担が大きい。そうすると，法ルールにあまりに依存することは問題かもしれない。

　法ルールの利用にコストがかかるという問題点は特に，金額が少額の場合に深刻な問題となってくる。

　たとえば，皆さんがオークションサイトやフリマサイトで自分が行きたいコンサートのチケットを落札したり，あるいはオンラ

インショッピングサイトで中古スマホを購入したりする場合を考えよう。せっかく落札して代金を払い込んだにもかかわらず，送られてきたチケットが，オークションサイトの記載と違うものであったり，あるいは，スマホが壊れていて使い物にならなかったりする場合（そもそも落札した品が送られてこないかもしれない），皆さんは，確かに契約法という法ルールを使うことによって，出品者を訴えて払い込んだ代金を取り戻すことができる。

けれども，ネットオークションやオンラインショッピングでは，しばしば出品者のリアル氏名・住所などを探し出して特定することは必ずしも簡単なことではない。それに，チケットやスマホの代金が少額の場合には，裁判所に支払う手数料や（弁護士を依頼した場合には）弁護士報酬などの方が代金を上回ってしまい，法ルールを利用して救済を実現することが，現実的な対応策ではなくなってしまう。

もし，オークションサイトやオンラインショッピングサイトでこのような不安が実際に存在していたら，サイトの利用者が減ってしまい，社会的に望ましい交換取引が行われなくなってしまうだろう。

▍ 契約法によらない対処法その2 ▍

もちろん，そんな状況はオークションサイトやオンラインショッピングサイトにとっては望ましくない状況だ。彼らは成立した交換取引の一定割合を手数料として徴収することで利益を得ていることが多いので，取引量が減ることは好ましくないからだ。そこで彼らは，法ルールに依存しないでこの問題を解決する方法を編み出している。皆さんもよく知っている，アレだ。

そう，取引相手による評価（評判）システム（☆）である。典型的には，その出品者・店舗の信頼性について，実際にその者たちと取引した経験のある相手に５段階の評価をさせ，それらを集計することによって，その出品者・店舗の信頼性のメルクマールとするのである。私たち落札者・買い手は，出品者や店舗の過去の取引履歴に☆５つの高評価ばかりであれば，「この出品者・店舗は信頼できるだろう」と考えて安心してポチッとすることができるのに対し，過去の取引履歴が☆１つや２つの低評価ばかりだったり取引履歴が全くなかったりすれば，「この出品者・店舗は危ない」と考えてポチッとすることを差し控える。

　逆に，出品者・店舗の側も，自分たちが過去に取引した相手の信頼を裏切るようなことをすれば，その取引相手から低評価を付されてしまい，将来の取引機会を失ってしまう危険性があるので，取引相手の信頼に従った行動をとるインセンティヴが出てくる。

　もちろん最近では，このような評判システムのランキングが不正に操作されているのではないかという問題も出てきている。そこで，オークションサイトやオンラインショッピングサイトは，不正操作を防ぐためにさまざまな技術的な努力をしなければ，評判システムの実効性を維持できなくなってきている。にもかかわらず，契約法という法ルールに依存するよりは，はるかに低コストで，かつ，実効的な方法で，交換取引が実現されていることが分かる。

▌　反復継続する取引　▌

　同じようなメカニズムは，先に述べたスーパーやコンビニと納

入業者の間の取引においても活用されている。前に見たリンゴ
とスイカの交換取引の例においては，Ｂさんが A さんとの間の
合意を守らないことによって得をするインセンティヴを持ってい
た。ところが，リンゴとスイカの取引とスーパーやコンビニと納
入業者との取引との間には，大きな違いがある。

　それは，リンゴとスイカの交換取引は，１回限りの交換を前提
としていたのに対し，スーパーやコンビニと納入業者の間の取引
は，反復継続されることが前提となっている点だ。つまり，納入
業者は，スーパーやコンビニに対して１回商品を納入したらそれ
で終わりというわけではなく，その後も毎日（あるいは毎週）商品
を納入し続けるのが通常なのである。

　この場合に，もしも，スーパー・コンビニが納入業者に対して
商品代金を支払わなかったら，その納入業者は，「このスーパー・
コンビニは信用できない」と考えて，それ以後，商品を納入する
ことをストップするだろう。そうなると，スーパー・コンビニは，
その商品の売上げによって将来得られるであろう利益を失ってし
まうことになる。すると，１回限りの代金不払いによって得られ
る利益よりはるかに大きな損害を被ってしまう結果になる。この
ため，スーパー・コンビニは，自発的に商品代金を支払うだろう
し，納入業者の側も，スーパー・コンビニがそうするであろうと
いうことを信頼することができる。

　このように，反復継続される取引関係においては，法ルールや
それを公権力を通じて実現するための裁判制度の利用はめったに
行われない（その必要がない）のである。

このような反復継続される取引関係がある場合には，法ルールの助けを借りなくとも交換取引が実現するという現象は，中世ヨーロッパの都市間交易や北アフリカの部族間取引などにおいても機能していたことが知られている。世界史で学ぶように，イタリアやドイツが1つの国家として成立したのは19世紀と比較的最近のことである。それまでのかなり長い間，イタリアやドイツは，領邦や都市などの小さな国家に分裂していた。その状態では，今で言う「イタリア」や「ドイツ」全体をカバーするような国家権力あるいは裁判所システムは存在しなかったのである。契約法を初めとする法ルールと，それを実現するための実効的な裁判所制度がなかったにもかかわらず，都市間交易が実現していたのには，このような背景があったのである。

以上に見てきたように，両当事者の合意に基づいて成立した交換取引を実現させることは，望ましい目的の1つであるけれども，交換取引は必ずしも自動的に実現されるわけではない。そして，契約法という法ルールは，合意を守らないことに対するネガティヴなインセンティヴを設定することによって，合意が守られることを保証し，交換取引を実現するためのツールの1つである。

しかし，このツールは大きなコストを伴うし，必ずしも常に利用できるわけではない。そこで私たちは，法ルールの代わりに，お金，評判，反復継続される取引関係など，さまざまなツールを

使って交換取引を実現してきているのである。このことからして
もやはり，法ルールは，望ましい社会目的の実現のためのツール
の1つにしか過ぎないのであり，法ルールを活用することが望ま
しいのかどうかは，他のツールとの比較によって決まってくるこ
とが分かるだろう。

さまざまなルール

法ルールとそれ以外のルール

　前章まで，なぜ法ルールが必要なのか，あるいは，法ルールがどのような役割を果たすものなのかを見てきた。法ルールは，基本的には，何らかのインセンティヴを設定することによって，人々の意思決定や行動に影響を与え，一定の社会目的を達成するためのツールである。けれども，私たちが日常的に出会う「ルール」には，「法」以外のルールも存在する。そこでここでは，いくつかのルールを見ていきながら，法ルールを含めたルールには，どのような特徴があるのかを考えてみたい。

誰がルールの内容を決めるのか

　まず，ルールの中でも法とは，国（中央政府）や地方公共団体などが作り，運用するもののことだ。国の作る法ルールには，「法律」（国会で作られるもの）や「政省令」（官庁などで作られるもの）などがある（他にも通達などがある）。また，地方公共団体が作る法ルールには，「条例」と呼ばれるものがある。これら法ルールは，裁判所を通じてインセンティヴが発動される――これを「法を執行」すると呼ぶ――ことを前提としているものが多い。

　これに対し，国や地方公共団体ではなく，政府以外のものが作成したルールは，「法」ルールと呼ばれず，単なるルールになる。たとえば，サッカーや野球などスポーツのルールは，そのスポーツを運営する団体が作成しているし，JRやバスなどの交通

機関の規則は，その交通機関の運営会社が作成しているし，学校の校則は，その学校が作成している。これらは，政府以外のものによって作成されたルールだから，法ルールではないけれども，ルールであることには違いない。法ルールとそれ以外のルールには，作成主体以外にも違いがある。

▌ 誰にルールが適用されるのか ▌

それは，適用される対象者の範囲だ。法ルールは，全ての人（国の作った法ルールであれば，原則としてその国の中にいる人全て，地方公共団体の作った法ルールであれば，原則としてその地方公共団体の中にいる人全て）に適用されるけれども，法ルール以外のルールの適用対象者は限定的だ。

たとえば，サッカーのルールは，サッカーをプレーする人たちにしか適用されず，野球をプレーする人たちには適用されない。逆に，野球のルールは，野球をプレーする人たちにしか適用されず，サッカーをプレーする人たちには適用されない。JR の規則は，JR の利用者にしか適用されないし，私鉄の規則は，その私鉄の利用者にしか適用されない。学校の校則も，その学校の生徒にしか適用されない。

もう 1 つの違いは，ルールがまずは誰によって実施されるのか，という違いだ。法ルールは，裁判所などの国家権力を通じてサンクションなどのインセンティヴが発動されることが原則だ。これに対し，法ルール以外のルールは，原則として，その組織——スポーツの場合であれば審判，交通機関の場合であればその交通機関，学校の校則であればその学校——によってインセンティヴが発動される（厳密に言うと，法ルール以外のルールであって

も，最終的には裁判所にインセンティヴの（不）発動を求めることができる可能性がないわけではないが）。

以上のように，法ルールとそれ以外のルールの間には，作成主体・適用対象・実施主体の点で違いがあるけれども，いずれも「ルール」であるという点は共通している。すなわち，どのルールも，要件・効果の組み合わせにより何らかの目的を達成するための手段である点は，共通しているのである。

もっとも，①そのルールが達成しようとしている「目的」が本当に望ましいものなのかどうか，という点は，必ずしも自明なことではなく，議論の余地がある。それに，仮にその「目的」が望ましいものだったとしても，②そのルールが，その「目的」を達成できているのかについても，議論の余地がある。そのルールが，望ましいのか望ましくないのかを検討する際には，この2つの異なるレベルがあることに注意が必要だ。

▌具体例：サッカーのルール▌

たとえば，サッカーのルールを例にとって考えてみよう。サッカーのイエローカードやレッドカードは，一定のプレーに対してレフェリー（審判）が出すものである。イエローカードやレッドカードが発動される要件は，危険行為が行われた場合や，得点機会をファウルで阻止したり遅延行為が行われたりした場合などが主なものになる。そして，その効果としては，イエローカード2

回で退場処分となってそれ以降その試合に参加できなくなったり，レッドカード1回で退場処分となったりするし，警告処分の累積やレッドカードによっては，次試合以降に出場できなくなってしまうこともある。このように，イエローカードやレッドカードは，要件に該当する行為に対して，退場や出場停止という効果を設定することによって，要件に該当する行為をしないように働きかけるインセンティヴを設定していることになる。

　イエローカード・レッドカードが実現しようとしている目的は2つある。1つは選手の安全の確保であり，もう1つはスリリングな試合の実現である。イエローカードやレッドカードがこれらの目的を実現できているかどうかは，「カードが出ない」試合を考えてみればよい。審判によっては，かなりラフなプレーがなされてもなかなかカードが出ないこともあるけれど，そのような審判の下ではどのような試合が成立するかを考えてみれば，カードというルールは，それが実現しようとしている目的をかなりの程度達成できていると感じられるだろう。もし，これらの目的が望ましい目的だと考えるのであれば，イエローカードやレッドカードというルールは，望ましいルールだということになりそうだ。

　では，現行ルールのサンクションがより厳しく，現在のイエローカードに相当する行為も全てレッドカードで一発退場だとしたらどうだろうか？　このようなルールの下では，退場者が続出して試合として成立しなくなることが多くなってしまうだろう。そう考えると，現行ルールは，目的実現のための手段としては望ましいレベルのものになっていると評価できる。

このように，およそルールの望ましさが，それが実現しようとしている目的を実現できるかどうかによって評価されていくのだとしたら，目的を十分に実現できないルールは，変更されるべきことになる。

サッカーの場合でいえば，いわゆるバックパスルールが典型例だ。チームメートからゴールキーパー（GK）への意図的なパスをGKが手で扱うことを禁じたバックパスルールは，1992年に導入された（だから，1980年代（たとえばマラドーナが活躍していた頃）の試合動画を今見ると，GKがバックパスを手で扱っているのでぎょっとする）。バックパスをGKが手で扱うという要件が充たされると，間接フリーキックという効果（ネガティヴなインセンティヴ）が発動される。

このルール改正は，1990年のFIFAワールドカップで，あるチームが時間稼ぎのためにGKとチームメートとの間でバックパスを繰り返した，という事件に端を発している。このルール改正によって，バックパスに対して間接フリーキックというネガティヴなインセンティヴが導入されたことによって，今日では，バックパス（をGKが手で扱うこと）を見ることはほとんどなくなった。

このように，バックパスルールの導入は，サッカーのプレーヤーの行動を変えた（さらには，サッカーファンであれば，戦術にも大きな変化がもたらされたことを知っているかもしれない）。そして，おそらくこの変化は，サッカーを観戦する私たちの多くにとっては，望ましい変化だったと言えるのではないだろうか。

では，さらに進んで，後方へのパスは一切禁止して，後方への

パスがなされた時点で間接フリーキックを与えるというルールを採用したらどうだろうか？

　このようなルールの下では，ボールを前に運ぶことしかできなくなってサッカーの試合が大きく変わってしまうだろう。それは望ましくない変化だと考える人が多いのではないだろうか。そうすると，現在のバックパスルールは，望ましいレベルのものだと言えそうだ。

▍　校 則 と 学 則　▍

　ここまでは，ルールが実現しようとしている目的が望ましいものであること（①）を前提に，ルールがその目的を達成できているかどうか（②）を見てきた。けれども，中には，①の段階が怪しいルールもある。たとえば，高校のルールを考えてみよう。高校のルールにもさまざまなものがあるが，典型的なのは，学位規則などを中心とする「学則」と，生徒心得などを中心とする「校則」だ（両者の区別がはっきりしていない場合もある）。

　学則には，どのような生徒が入学できるか，1学年は何人か，授業期間はいつからいつまでか，入学金・授業料はいくらか，卒業するためにはどれだけ単位を取らなければならないか，などが定められていることが多い。学則にも一定の存在意義はあるけれども，ここでは，「ブラック校則」として最近話題にもなったことから，校則について取り上げてみたい。校則の中には，制服・服装，頭髪・髪型，携帯電話などについて定めたものがあることが多い。このような校則が望ましいものであるのかどうかについては，目的の望ましさ（①）と，目的を実現する手段としての望ましさ（②）の両方を検討してみよう。

　制服について見れば，「かわいい制服」を採用することによって多くの生徒を集めたいとか，「高価な制服」を採用することによってお金持ちの生徒しか来られないようにしたいとか，生徒間の格差を縮めたい（私服だと「おしゃれな生徒」と「そうでない生徒」の格差が，制服に比べて大きくなりやすい）とか，生徒が毎日服装を選ぶ手間暇や衣服を購入する費用を減らしてあげたいとか，あるいは，規律を守ること自体に目的があるとか，さまざまな目的がありそうだ。これらの目的の中には，望ましそうなものもあれば，望ましくなさそうなものもある。

　たとえば，規律を守ることを習慣づけることを目的とすることは，そんなことは必要ではないと考える人もいれば，同調圧力の強い日本社会・企業で生き抜く（いわば「社畜」になる）ためには必要だと考える人（特に生徒自身というよりは親の方？）もいるだろう。ニューヨークの駐車禁止違反の例でも見たように，ルールを守ろうという考え方（規範意識と呼ばれる）が内面化されていることには，一定のメリットもあるからだ。あるいは，「規律に従う人だ」という外見をつくろっている方が，社会において「好ましい人物だ」と評価されやすく，生きやすいかもしれない（「シグナリング」と呼ばれる）。

　また，仮に目的それ自体が望ましいものだったとしても，その校則が，その目的の実現手段として適切か，という問題点（②）は残る。

　たとえば，制服の存在意義を服飾コストの節約に見いだし，仮にそれが望ましい目的だと考えたとする。その場合であっても，

本当に制服が服飾コストの節約に役立っているかについては，さらなる検討が必要だ。たとえば，いかに制服1〜2着ですむといっても，制服1着の値段が高ければ，ユニクロやH&Mで購入して間に合わせる方がはるかに安上がりになるかもしれない。実際，最近は，公正取引委員会という政府機関が，制服の値段が高すぎるのではないかと調査した例もある。

　同様のことは，携帯電話をめぐる校則についても言えるかもしれない。携帯電話の持ち込みあるいは校内での使用を禁止する校則はしばしば見られる。その目的は，生徒が授業中に携帯電話を使っていると授業への集中が妨げられるし，場合によっては他の生徒の学習を妨害する結果になってしまうかもしれないから，そのような事態になることを予防する，ということだと考えられる。このような目的それ自体は，望ましそうだ。

　けれども，携帯電話によって学習効果が下がってしまうことが心配なのであれば，授業中に電源を切る（あるいはマナーモードにする）ことを求めれば足り，それ以上は必要ないかもしれない。携帯電話の持参まで禁止してしまうと，生徒が親と連絡が取れなくなったり，非常時に生徒の所在がつかめなくなったりするなど，かえって大きな悪影響が発生してしまいかねない。

　このように，法ルールの望ましさを評価する際には，目的の望ましさ（①）と，目的を実現する手段としての望ましさ（②）の両方をチェックすることが常に必要なのである。

なぜ「ルール」なのか?

▌ もう一度, 「ルール」とは? ▌

ここまでさまざまなルールを見てきたけれども, どのルールも, 何らかの目的を実現するための手段である点は共通していた——その目的が望ましいモノであるかどうか, 目的をきちんと実現できているか, はともかくとして。でも, もしそうだとしたら, なぜ, 私たちは「ルール」という形の手段を使わなければならないのだろうか。

つまり, ルールが何らかの目的の実現のための手段であるのならば, 「○○という目的を実現しなさい」というルール (あるいは「よい社会にしなさい」というルール) さえ存在していれば足りるはずで, 要件+効果の組み合わせ, という今まで見てきたような仕組みのルールはいらないはずだ。私たちが目指すべき目的を設定するだけのルールではダメで, 具体的な要件と効果を事細かに定めたルールが必要になってくるのはなぜだろうか?

▌ 天才ばかりではない世界でのルールの役割 ▌

実は, もしも, 全ての人が完璧な天才で, 「○○という目的」を実現するために何をすればいいのかという問いに対する正解に簡単にたどり着けるのであれば, 今まで見てきたようなかたちのルールはいらない。「○○という目的を実現しなさい」という抽象的なルールさえあれば, 全ての人が望ましい行動をとってくれて, それによって社会が望ましい方向に変化し, 当初の目的を達成できることになる。

しかし, 現実の社会にいる人々は, そんな天才ばかりではな

い。○○という目的を実現するためには何をすればいいのか，人によって意見が違うことは大いにあり得るだろう。それにそもそも，「○○という目的」と言われた場合に，それが何を意味するのか，という解釈の時点で人々の意見が食い違ってしまうことさえあるかもしれない。たった1つの「正解」が分からない，存在しない問題はたくさんあるのだ。

たとえば，「国民生活の向上に資する」目的（そう書いてある法律が実際にたくさん存在する）と言われたときに，それが何を意味するのかは，人によってかなり違ってきそうだ（「資する」とは役立つという意味なのだけれども，あなたならどう解釈するだろうか？）。このように，抽象的な目的を設定するだけのルールでは，社会の人々の行動がバラバラになってしまい，ルールが達成しようとしていた目的を実現することはできなくなってしまい，かえって悪い結果が導かれかねない。

そこで，抽象的な目的をそのまま掲げるのではなく，それを実現するために必要な行動に対して，要件と効果の組み合わせを使ってインセンティヴを設定する，という仕組みの「ルール」が必要になってくるのである。

このようなルールがあれば，超人的な天才ではない，普通の人々であったとしても，そのルールが設定したインセンティヴに従って行動していさえすれば，その目的の実現に必要な行動を実行することができる。普通の人々でも，いちいち深く考えなくとも，社会にとって望ましい行動を簡単にとることができるようになるし，人々の間の意見と行動のばらつきが生じることを防ぐこともできる。

ことばとしてのルール

ルールが，天才ではない人たちに具体的な行動指針を与えるための手段であると理解することは，ルールのもう1つの側面に気づかせてくれる。私たちが，ほかの人たちに何らかの行動をとってほしいと考えるとき，それはことば（専門用語で「自然言語」と呼ぶ）によってなされるのが通常だ。

もちろん，ボディランゲージなどによって，してほしいことを「察してもらう」ことがないわけではない。あるいは，絵や写真によって伝えることも考えられるだろう。けれども，ボディランゲージによって受け手にメッセージを伝えることは簡単ではないし，絵や写真も，見る人によって受け取り方が大きく違ってくる可能性が高い。

そうすると，社会の中にいるたくさんの人に対して働きかけるためには，やはり，ことばによらざるを得ない。ことばは，コミュニケーションツールとして一般性が高く，多くの人に対してメッセージを伝えることができる。このため，要件と効果の組み合わせというルールは，ことばによって書かれるのだ。

ルールがことばによって書かれているということは，社会の中の全ての人に対して，目的実現のために望ましい行動が何であるかについてコミュニケーションすることができるという点では強力で便利だ。しかし，ことばを使うことは，それと同時に，いくつかの限界をもたらす。

まず，私たちが実現しようとしている目的や，その目的の実現のために必要な望ましい行動を，正しくことばで書き表すことが

できる保証はどこにもない。日本語（それ以外の言語も全てそうだが）で，私たちが頭の中で考えている目的や行動を，100％正確に表現することは，実はかなり難しい。必ずしも正確に表現しきれない（たとえば80％程度しかフィットしない）場合も多くあるだろう。そのような場合には，ことばで表現された「望ましい行動」が，「本当に望ましい行動」よりも狭すぎたり，あるいは広すぎたりすることが生じてしまう。ことばによって書き表されたルールが，人々に適切な行動指針を与えることができなくなってしまうのである。

　それに，ルールを作った人たちの考え方と，ルールによってコミュニケーションされる相手方である，ルールを受け取る人たちのことばの理解が，一致しているとも限らない。ルールを受け取った人たちは，ルールを作った人たちが考えていたのとは違う内容にルールを解釈し，そのように行動してしまうかもしれない。この場合にも，ルールは，目的を実現するために必要な行動指針を与えることに失敗してしまうことになる。

▌　具体例1：制服をめぐる校則の「成長」　▌

　ルールが，ことばを使ったコミュニケーション手段であることの具体例として，制服に関する校則を取り上げてみよう。

　前に述べたように，制服に関する校則が実現しようとしている目的にはさまざまなものが考えられるけれども，ここではさしあたって，「○○高校生らしい服装をすること」そのものが目指すべき目的だとしよう。それでは，もし，校則に「○○高校生らしい服装をすること」とだけ書かれていたら，同校の生徒たちは，どのような服装で登校してくるだろうか？

おそらく，生徒一人一人によって「○○高校生らしい服装」ということばの意味するところは違ってくるだろう。ある生徒は，かっちりした服装が「○○高校生らしい服装」だと考えるかもしれないし，また別の生徒，甘くてかわいらしい服装が「○○高校生らしい服装」だと考えるかもしれない。でも，それらの「解釈」が，このルールを作った人たちが想定していたのとは違っていたとしたならば，このルールは，それが実現しようとしていた目的を達成できないことになる。

　そこで，次に，「○○高校生らしい服装をすること。具体的には，学校指定の制服を着用すること。」という校則を作る。こうすれば，「○○高校生らしい服装」ということばについて，生徒によって違う解釈が成り立つことはなくなって，生徒が皆同じ服装をしてくれることになりそうだ。けれども，これで話が終わるとは限らない。

　校則で制服を決めた際に，ジャケットの下に着るシャツについては指定がなかったとしよう。そうしたら，奇抜なシャツを着てくる生徒が現れて，「○○高校生らしい服装」を実現しようという校則の目的が達成できなくなるかもしれない。このような場合に，当初の目的を実現しようと考えるならば，たとえば「制服の下に着用するシャツの色は，学校指定の色の無地のものに限る（学校指定の色＝白，水色）」といった校則を追加することが必要になる。

　さらに生徒によっては，確かに薄手の白のシャツを着るけれども，そのシャツの下に着るTシャツなどでお洒落をしようと考えるかもしれない。それを抑えようとするならば，「シャツの下に着用する下着の色は，白とする」なんて校則が追加される

ことになる（といっても，今どき，社会人でさえ白い下着を着る人の割合は減ってきているけれども）。秋冬に制服の上に着るコートやマフラーについても，同じような校則の「成長」が考えられるだろう。

　この例から分かるように，抽象的な基準では足りず，細かなルールへと「成長」していくのには，2つの要因が働いている。1つは，ルールを作成する側が，自分たちの考えている具体的な内容から外れることを抑えようとしているかどうか。もう1つは，ルールの適用対象となる生徒の側が，ルールを作成する側の考えていることを「忖度^{そんたく}」して，それに従った行動をとろうとするかどうか，だ。

	ルール作成者の寛容さ大	ルール作成者の寛容さ小
生徒の忖度小	抽象的基準OK	細かい校則
生徒の忖度大	抽象的基準OK	抽象的基準OK

表　校則の「成長」

　この表のように，ルールを作成する側が，ルールによって実現しようと考えている目的の範囲を緩やかに考えていれば，生徒がかなり突飛な服装をしても目的を実現できていることになるから，抽象的な基準で足りる。また，ルールを作成する側が，ルールによって実現しようと考えている目的の範囲を狭く捉えていても，それを生徒が的確に忖度することができれば，やはり抽象的な基準で足りるだろう。ルールを作成する側が，目的の範囲を狭く捉えているのにもかかわらず，生徒の側があまり忖度をしてくれないと，どんどん細かい校則が必要になっていくのだ。

　このことは，法ルールの場合にもあてはまる。法ルールが適用

される人たちの間に、一定の共通理解がある場合（＝空気を読んでくれる人ばかりの場合）には、抽象的な基準を設定しただけであっても、目的を実現することは比較的簡単だ。これに対し、法ルールが適用される人たちが多様で、なかなか共通理解が成立しにくいような場合には、詳細なルールが必要になってくる。私たちの住む社会の多様性が高まっていくと、詳細で複雑な法ルールが必要になっていくことが多い。

▌ 具体例2：センター試験 ▐

　同じようなことは、大学入試のセンター試験（2020年をもって終了したけれども）を受験するときのルールについてもあてはまる。センター試験においては受験生間に不公平が生じることを避けるために、カンニング等の不正行為を禁ずるルールがあった。このルールは、毎年毎年新しいルールが追加されて、複雑になってきていた。

　たとえば、2011年に、ある大学で、携帯電話を利用して試験場外の者と連絡を取り合って試験問題を解いていた事件が発生した。このため、翌年から、受験生は、試験開始前に、携帯電話を取りだして電源を切った上で封筒にしまわなければいけなくなった。

　センター試験受験のルールについては、ルール作成者は、日本中の受験生の公平性確保のために不正行為を抑止したいと強く考えているから寛容さはないし、（少なくとも一部の）受験生は志望大学に合格するために必死で高得点をとろうとするから、ルール作成者の思いに忖度などしてくれない。だから、センター試験のルールは年々厳しく複雑なものになってきたのである。

▌ 具体例3：スポーツのルール ▌

サッカーを始めとするスポーツのルールについても，同じようなことが言える。サッカーのさまざまなルールの根本は，「公平・公正さ」だとされる（昔風に言うならば「紳士的」であること）。極端に言えば，「公平・公正にプレーすること」という1個のルールさえあれば，足りるはずだ。他のスポーツにも，同じことが言える。

でも，この1個のルールだけでは，どんなときに反則（ファウル）になるのかが分からないし，審判によっては反則の基準が大きくぶれてしまい，選手の側からすれば，何をしてはダメで，何をしても良いのかが分からない。それでは，作戦を組み立てることなんて到底できないだろうし，見ていても面白くない。選手にプレーする際の判断基準を与えるためには，あまりに抽象的でおおざっぱなルールではダメで，もっと細かいルールでないとダメなのだ。

▌ 法学の誕生：ことばの技術 ▌

制服をめぐる校則の例で見たように，校則を「成長」させていくと，ルール全体の長さも長くなっていくし，例外も次々に重なっていくから，「このルールは一体どのような構造を持っているのだろう？」という見通しが悪くなってしまう。

実際，税金に関する法ルール（「税法」と呼ばれる）などは，「これが日本語か！」と思うくらいにひどい。これは，ルール作成者がきちんと税金をとることを目的とする一方で，ルールを適用される側は，できるだけ税金を払いたくないので空気を読まない

（忖度しない）ことが，1つの原因だ。

　税法の例は極端だとしても，ほとんどの法ルールは，抽象的な基準だけでは足りず，ある程度詳細な定めの組み合わせによって成り立っている。このことから，法ルールの扱いには，次の2つの問題が生まれてくる。

　第1に，どのような法ルール＝ことばの組み合わせを使えば目的を達成できるのかについて，いろいろと工夫をしなければならない（「立法論」と呼ばれる）。第2に，いったん複雑な法ルールの組み合わせを構築した後は，そのことばの組み合わせをどのように解釈すればよいのかを解明しなければならない（「法解釈」と呼ばれる）。

　この2つめの法解釈という作業については，大きく分けてさらに2種類の作業がある。1つは，抽象的な基準に具体的な意味内容を与えることだ。「CHAPTER 4　法を使う」で見るけれども，実は，多くのことばは，それだけでは曖昧な意味しか持っていないので，その意味内容を正確に決めてあげる必要がある。

　もう1つは，しばしば複雑で見通しの悪い，法ルールということばの組み合わせを，一貫し，整合性を持った形で意味づけすることだ。たとえば，同じことばならば，違う場所で使われていても同じ意味を持たせるのが良さそうだ。そうした方が，読み手に正しく理解されやすいからだ。他方で，法ルールに含まれるさまざまな定めは，全体として特定の目的を達成しようとしているはずで，定めによって矛盾する目的を実現する結果になっていたらおかしい。もし，この2つの要請が対立していたら，どちらを優先して解釈することが適切なのだろうか。

　このように，①どのようなことばの組み合わせでコミュニケー

ションすることによって，目的を達成することができるかを考える こと，そして，②いったん作られた法ルールということばの組み合わせを前提に，それにどのような意味を与えることによって目的を達成することができるかを考えること，この 2 つが法学という学問領域だ。この意味で，法学は，「ことばを使って」社会をコントロールしていくための技術なのである。

法 を 使 う

　今までに見てきたように，法ルールは，「要件」と「効果」の組み合わせによって，人々に対してさまざまなインセンティヴを設定し，そうすることによって何らかの目標を実現しようとするための手段だ。けれども，せっかく何らかの目標を実現しようと思って設定した法ルールが，実際に期待したとおりの役割を果たしてくれるかというと，それは必ずしも明らかではない。

　法ルールを実際に使うときには，新たに2つの問題が発生する。それが，法ルールの「解釈」と「適用」だ。

　第一に，法ルールは，「ことば」によって書かれている。もちろん，たいていの場合には，その「ことば」の意味は明らかで，ブレはない。けれども，その意味が一義的に決まらないこともある。そのような場合には，法ルールに使われている「ことば」の意味を確定する必要が出てくる。これが，法ルールの「解釈」と呼ばれる作業だ。

　第二に，法ルールに使われている「ことば」の意味が，「解釈」によって確定でき，どのような「要件」と「効果」の組み合わせなのかが明らかになったとしても，現実世界において発生している事件が，その「要件」を充足しており，「効果」が発動されることになるのかどうかを判定する必要がある。これが，法ルールの「適用」と呼ばれる作業だ。

　以下では，この2つの作業について，順番に見ていこう。

法の解釈

▌　法ルールとことば　▌

　まず，法ルールは，ことばで書かれている。ことばにもいろいろなものがあるけれども，法ルールを書くのに使われていることばは，日本語・英語・ドイツ語・フランス語・中国語など，「自然言語（natural language）」と呼ばれることばだ。

　自然言語で書かれていることの特徴を理解するためには，自然言語とは違う「ことば」（＝コミュニケーションの手段）と比べて見るとわかりやすい。自然言語と異なる「ことば」の典型例の1つは，数学で使われている数式だ。

　日本の高校の教育課程は，しばしば，文系と理系とに分けられていて，数学のできない人が文系に行き，数学のできる人が理系に行く，という進路選択がなされることが多い。そもそもなぜ理系において数学が必須になっているのかというと，自然科学をメインに扱う理系においては，数学ということば（コミュニケーション手段）が便利だからだ。

▌　ことばとしての数学の特徴　▌

　ことばとして見たときの数学の特徴は，全ての用語に厳密な定義があって，曖昧さが徹底的に排除されているという点だ。数学を使って議論・研究をすることによって，議論から曖昧さを排除し，嘘をついたり論理飛躍をしたりすることができなくなる，というメリットが生まれる。自然科学において，数学が必須とされているのは，このことが大きな動機となっている。そして，文系の中でも社会科学と言われる分野（経済学・政治学など）において

も，議論を明確化するために，数学が多用されることがある。

　だから実は，文系だからといって数学を勉強しなくてもよいことになるわけではない。文系に進学してもやはり数学が必要になって，大学入学後に数学を勉強し直さなければいけなくなることもしばしばだ。

　ちなみに，「法学は社会科学なの？」とか「法学部でも数学が必要？」といった質問が出ることも予想されるけれど，それらについては，「CHAPTER 8　法学ってなに？」で取り上げよう。

　このように，数学には，間違った議論をできなくする，というメリットがある一方で，デメリットもある。まず，皆さんの中にも数学が苦手で文系進学を決めた人がかなりの数いるかもしれないが，数式を使った議論を直ちに理解できる人は，必ずしも多くはない。法ルールが人々に対してさまざまなインセンティヴを設定するものである以上，その内容が人々に理解されなければならないから，この欠点は致命的だ。

　多くの人に法ルールの内容を理解してもらうためには，やはり自然言語で書かれていなければならない。法ルールを書くのに使われている自然言語のメリットの1つは，多くの人に法ルールの内容を理解してもらえる，という点なのである——もちろん，法ルールの中にはとても普通の日本語とは思えないものもたくさんあるけれども……。

　そんなわけで法ルールは自然言語で書かれているわけだけれど，自然言語には，大きな欠点がある。数学とちょうど反対で，自然言語で書かれた言葉の意味はしばしば曖昧で，法ルールを読んだ人が，法ルールを作った人が想定したとおりの「読み方」をしてくれるとは限らないのだ。困ったことに，法ルールを読む人

ごとに，「読み方」が違ってくるかもしれないし，そんな場合には，法ルールがインセンティヴを設定して人々の行動を変えていこうとした当初の目的が実現できなくなってしまいかねない。

▎ 法ルールの「解釈」 ▎

　このような場合には，法ルールで書かれていることばが，いったいどんな意味なのか，その読み方を決めなければならなくなる。これが，法ルールの「解釈」と呼ばれる作業だ。

　法ルールの解釈が必要になるのは，そこに使われていることばの意味が曖昧で，複数の読み方が成り立つ可能性がある場合だけではない。たとえば，法ルールを作ったときに考えられていた状況から，社会状況が変化してしまったようなケースを考えてみよう。そのような場合において，法ルールに書かれている要件・効果の組み合わせをそのままあてはめると，想定外のかえって望ましくない結果が導かれてしまうようなことがある。また，本来だったら法ルールを使って人々に特定のインセンティヴを与えたいのだけれど，法ルールに書かれた要件が新しい状況をカバーできず，適切なインセンティヴを設定できないこともある。

　もちろん，そんな事態が発生したならば，法ルールの内容（ことば）を変更してしまえばよいのだけれども（「法改正」「ルール改正」），そんなに簡単に法ルールの内容を変更できない場合もしばしばある。特に，国の法律を変えるのは，かなり面倒なのだ。そのような場合には，法ルールの内容を書き換えるのではなく，読み方を変える，つまり，解釈を変えることによって対応する，というテクニックが使われることがある。

そんなわけで，法ルールは，「解釈」という作業が必要になることが多い——わざわざ「解釈」しないでも，読み方が一義的に明確な場合も，かなりあるけれども。1つの例として，おそらく多くの人が知っているであろう，「殺人罪」の条文を見てみよう。刑法199条が殺人罪について定めた条文だけれども，同条には次のように書かれている：

「人を殺した者は，死刑又は無期若しくは5年以上の懲役に処する。」

この条文の構造は簡単で，要件は2つ，「人を」「殺した」。そして効果は，「死刑又は無期若しくは5年以上の懲役」。

効果の部分が，ちょっと分かりにくく書かれているけれど，一応，法ルールの書き方のお約束では，「又は」と「若しくは」は使い分けすることになっていて，この部分は，「〔死刑〕又は〔（無期若しくは5年以上の）懲役〕」と読むことになる。もちろん，そう読めるためには，「又は」と「若しくは」の使い分けに関する約束事を知っていなければならない。

これに対し，要件は簡単だ。解釈の余地なんて全くなさそうに見える。ところが，法学部に入学して刑法の授業を受けると，この一見単純なことばでさえ，解釈が必要なことを学ぶ。

▌ 「人」って？ ▌

まず，「人を」と書かれているけれども，「人」っていったいなんだろう？　既に死んでいる人間は，もう殺しようがないから，多分この条文に言う「人」に含まれない（ちなみに，死体に危害を

加えると，死体損壊罪が成立する可能性がある）。では逆に，母親の胎内にいる生まれる前の胎児は，「人」だろうか？

　宗教上の理由などから，母親の胎内で心臓が鼓動を打ち始めたら（あるいは，それより前の受精の段階から？），その胎児はもう既に「人」なのだと考える人もいるかもしれない。そのような人は，胎児を「殺す」ことは犯罪であり，ネガティヴなインセンティヴを設定してそのような行動をとらないインセンティヴを与えるべきだ，と考えるかもしれない。これに対して，母親の胎内にいる間はまだ「人」ではないから，それを「殺」すことは，確かに良くないことではあるけれども，殺人罪として強いネガティヴなインセンティヴを与えるほどのものではない，と考える人もいるかもしれない。

　さらに，母親の胎内にいる間はまだ「人」ではないという考え方に立ったとしても，いつから「人」になるのか，はまだ明らかではない。赤ちゃんの頭（の一部）が母親の胎内から出てきた時点で「人」になるのか，赤ちゃんの全体が母体から出てきた時点で「人」になるのか，それとも，赤ちゃんが自発的な呼吸を始めた段階で「人」になるのか，いろいろな考え方がありそうだ。

▎ 「殺した」って？ ▎

　もう1つの，「殺した」の要件も，簡単そうに見えて難しい。

　たとえば，あまりありそうにない事例だけれども，等身大のフィギュア（人形）を壊そうとしてハンマーでたたいていたら，たまたま中に子供が入っていて，その子供を死なせてしまったケースを考えてみよう。子供は明らかに「人」だし，その子供を「殺した」と言えそうだ。ところが，このケースは，人を「殺した」

にはあたらないと考えられている。

　これは，人を殺そうというつもりで死なせていない限り，「殺
した」には該当しないと解釈されているからだ。専門用語を使う
ならば，人を殺すという「故意」（この用語自体は，聞いたことがあ
る人が多いかもしれない）がない限り，殺人罪の要件を充足しない
ということになる。刑法199条のことばからは必ずしも直ちに導
かれるような読み方ではなさそうであり，不思議に思われるかも
しれないけれど，「たぬき・むじな事件」という大正時代の裁判
所の判決でも採用されている，標準的な考え方だ。

　「たぬき・むじな事件」は，名前がかわいいためか，法学を学
ぶ者の中では人気のある事件の１つだけれども，次のような事件
だった。栃木県に住んでいたある狩人は，狩猟法と呼ばれる法律
によって狩りをすることが禁じられている「たぬき」は，地元で
「むじな」と呼ばれる動物とは違う動物だと思い込んでいた。そ
こで，むじな——といっても実は，たぬき——を狩ったところ，
狩猟法違反で起訴された。ところが，大審院（現在の最高裁判所）
は，狩人は法で禁じられたたぬきを狩ったと考えていなかったか
ら狩猟法違反ではなく，無罪だとした。

　なぜこのような解釈を採用するのだろうか？　説明の仕方はい
ろいろありうるけれども，１つの考え方は，人を殺そうというつ
もりがない場合について，殺人罪の「死刑又は無期若しくは５年
以上の懲役」というサンクションを与えても，それによって「人
を殺そう」という行動を減らすことには必ずしもつながらないか
らだ。

　つまり，「故意」がない行動に対してサンクションを与えても，
それは，社会的に望ましくない殺人行為を減らすためのインセン

ティヴとして働きにくいからだ。私たちは，自分が何をしているのか認識している行動しかコントロールできない以上，認識されていない結果についてインセンティヴを与えても，行動を修正していくことが難しいのである。

■　曖昧であることのメリット　■

　このように，殺人罪は，刑法199条ということばによって単純明快に書かれているように見える。そして，多くの場合には，素直に解釈すれば十分だけれども，さまざまなケースを考えていくと，殺人罪を定めることばの意味は，曖昧であり，その読み方を確定する「解釈」という作業が必要になるのだ。

　しかし，読者の中には，ことばの意味が曖昧なのであれば，曖昧なままで放っておくのではなく，法ルールを変更してしまえば足りるはずだ，と考える人もいるかもしれない。実際，税法と呼ばれる法律（どのような場合に税金をいくら払わなければならないかを定める法律）の条文は，その通り，どんどん（毎年かそれ以上の頻度で！）改正されている——その結果として，日本語としてはとても読めないような複雑怪奇な書き方になってしまっていることが多いけれども。

　しかし，そのような作業をせず，「曖昧なまま」にしておくことがかえって便利な場合もある。

「解釈」の具体例2：不法行為

　曖昧なことばが役に立つ例として，不法行為と呼ばれる法ルールを見てみよう。不法行為は，民法709条に，次のように書かれ

ている：

> 「故意又は過失によって他人の権利又は法律上保護される利益を侵害した者は，これによって生じた損害を賠償する責任を負う。」

　先ほどの殺人罪のケースでも出てきた専門用語（「故意」）などが出てきて分かりづらいけれども，この条文も，要件と効果の組み合わせに分解することができる。要件は，①「故意又は過失」・②「他人の権利又は法律上保護される利益を侵害」・③「これによって」・④「損害」の発生の4つ，そして効果は，「損害を賠償する責任を負う」だ。ちなみに，3つめの要件「これによって」の部分は，専門用語では，因果関係とも呼ばれる。

　この不法行為は，たとえば，AさんがBさんをなぐってけがを負わせたような場合に使われる。すなわち，Aさんは，わざと（＝「故意」で：要件①），Bさんをなぐって（＝Bさんという「他人」の体の安全という「権利」を「侵害」：要件②），その結果として（＝Bさんをなぐることによって：要件③），Bさんにけがを負わせている（＝Bさんのけがという「損害」の発生：要件④）から，民法709条の要件を充たしている。そして，不法行為が成り立つことの効果として，Aさんは，けがの治療費等（＝「損害」）を，Bさんに対して支払わなければならない（＝「賠償する責任を負う」）。

　このような不法行為という法ルールが存在する理由は，割と簡単に理解できる。Aさんが，Bさんをなぐってけがを負わせるという行為は，社会的に見て望ましくない行為であり——もちろん，Aさんにも何か言い分があるかもしれないけれど，今はとりあえずAさんが単純に悪いケースを考える——，抑止した方がよい。そこで，Aさんによる行為の結果として発生したけがの

治療費等を，Aさんに負担させることで，ネガティヴなインセンティヴを設定するわけだ。それと同時に，Bさんとしては，けがの治療費を入手できるから，一石二鳥だということもできる。

▌　抽象的であることのメリット　▌

　もっとも，AさんにBさんをなぐらないようなインセンティヴを与えたいのであれば，民法709条のような抽象的なことばを使った法ルールを使う必要はなさそうだ。もっと具体的に，「人をなぐった者は，そのことによって生じた治療費を賠償する責任を負う。」という条文にすれば足りそうだ。けれども，このような法ルールには，深刻なデメリットが存在する。

　たとえば，この法ルールは，「人をなぐった」場合にしか使えないから，たとえば，「人をナイフで刺して殺した」場合には使えない——さすがに，「なぐった」ということばが「ナイフで刺して殺した」場合も含む，と解釈することは無理だろう。また，「治療費」としか書いてないから，なぐって物を壊した場合には使えない。これらの場合についてもインセンティヴを設定したいと考えるならば，「人を殺した者は」とか「治療費・壊した物の価格」とかいったことばを，どんどん追加していなければならない。

　これに対し，「故意又は過失によって他人の権利又は法律上保護される利益を侵害した者は，これによって生じた損害を賠償する責任を負う。」という抽象的かつ単純（？）な条文ならば，それ1つで，これらの場合全てをカバーすることができる。

　実際，不法行為という法ルールは，かなり古くからある法ルールだけれども，けんかの場合も，馬車が人をひいた場合も，自動

車が人をひいた場合も，あるいは，将来，自動運転車が人をひくようになった場合さえも，カバーしてくれる。科学技術が発展して，新しいテクノロジーが生み出されてきても，新しい条文を作って手当てする必要はなく，たった1つの条文で全部カバーできるのだから，なんて便利なのだろう。

　比較的最近の事例でいえば，東日本大震災に伴う福島原発事故の損害賠償も，基本的には不法行為の枠組みでなされている。不法行為の要件に照らし合わせるならば，東京電力が福島原発の管理を適切に行わなかったこと（＝「過失」：要件①）で，原発事故が発生して，避難せざるを得なくなったり農産物が売れなくなったりし（＝「他人の権利を侵害」：要件②），その結果として（＝「これによって」：要件③），避難費用・販売利益の喪失が生じた（＝「損害」の発生：要件④）ことになるから，東京電力は，被害者に対してそれらの損害を賠償しなければいけないのである。

▎ 「因果関係」要件の解釈 ▎

　もっとも，福島原発事故のようなケースでは，③の因果関係の要件の解釈については，難しい問題が残っている。たとえば，原発事故によって漏れた放射性物質によって被曝し，がんになった，と主張する被害者がいたとして，その人が東京電力に損害賠償を求めたとしよう。

　がんという病気は，興味深い病気で，私たちの体の中では，日常的にたくさんの新しい細胞が作られており，その中には遺伝子のコピーに失敗してしまうケースが，一定割合で存在する。そのような細胞はがん細胞の「元」と言えるけれども，それらのうち，大部分は，私たちの体の中にある免疫系などが排除してくれる。

しかし、ごくまれに、うまく排除できない細胞があり、それらが大きくなっていくとがん細胞になっていくわけだ。放射線（あるいはそのほかの発がん性物質）ががんを引き起こすと言われるのは、放射線を浴びることによって遺伝子が壊れ、がん細胞の元がたくさんできてしまうからだ。

　しかし、がんがそのようにして発生しているのだとすると、この被害者が、放射線を浴びた後にがんになったとしても、そのがんが、放射線被曝によって発生したのか、それとも、放射線被曝以外の原因によって発生したのかは、分からないことになる。ひょっとすると、放射線を浴びたことによって発生したがん細胞の元は全て退治されてしまい、それ以外の要因——たとえば、発がん性物質を食べたとか、たばこを吸っていたとか——で発生したがん細胞の元が、がん細胞にまですくすくと育った可能性は否定できないからだ。

　もちろん、がん患者一人一人のレベルでは放射線被曝ががんの直接の原因なのかどうかを判定することができなかったとしても、一定地域に住む人々全体で見れば、放射線被曝の影響を観測できることはある。その地域に住む人が大量の放射線を浴びれば、放射線によって生まれるがん細胞の元の数が増える。そして、その中からがん細胞にまで育つものの数が増え、放射線を浴びなかった他の地域に比べれば、がん患者の発生割合が高まることは十分にあり得る。つまり、人々の集団レベルで見れば、放射線被曝とがんの発生との間に因果関係を見つけることができるけれども、個人レベルでは、放射線被曝とがんの発生との間の因果関係を特定することは難しいことがあるのだ。

　では、このような場合について、因果関係ありとして、不法行

為（民法709条）の要件は充たされた，と言ってよいのだろうか？
この点は難問であり，さまざまな研究者がいろいろな考え方を主
張している。本書のレベルを超えるので，議論の詳細には踏み込
まないけれども，興味がある読者は，勉強が進んだ段階で，不法
行為法（民法）の教科書などを読んで欲しい。

法をあてはめる

法の適用

　ことば（自然言語）で書かれた法ルールの読み方——何が「要件」であり，何が「効果」なのか——が「解釈」によって決まったとしても，実際に法ルールを使うには，もう1つの作業が必要だ。法ルールは，何らかの「要件」の組み合わせが充たされた場合に，何らかの「効果」が発生する，というかたちを持っている。そうすると，法ルールが発動されるかどうかを決めるためには，私たちの目の前にある実際の事件が，法ルールに書かれている「要件」の組み合わせを充たしているかどうか，を判断しなければならない。

　これが，法の「適用」と呼ばれる作業なのだけれども，困ったことに，この判断も，必ずしも簡単なものではない。この判断が難しくなる原因は，2つある。第1の原因は，現実の世界においては，何が真実なのかが必ずしもはっきりしない，という点だ。第2の原因は，どの法ルールを使ったらよいのかが，すぐには分からないことにある。

真実の確定

　第1の原因——真実が何かは，必ずしも明らかではないこと——については，皆さんも日々のニュースなどに接している際に既に気づいていたことがあるかもしれない。同じ事件について，複数の人が互いに矛盾する情報を主張する，ということはし

ばしばある。私たちは，その事件を直接体験しているわけではないから，一体どの人が言っていることが正しいのか——あるいはひょっとすると，全ての人が言っていることが間違っているかもしれない——は分からない。芥川龍之介に『藪の中』という作品があって，この小説の中では，ある事件について複数の登場人物がそれぞれ矛盾する証言をする。皆さんも，自分と友人とで何を見た（体験した）のかについて，意見が食い違うことがあるだろう。

このような場合には，真実が何なのか，なんとかして決めないと，法ルールの要件が充たされているかどうかが分からない。そこで，多くの法ルールは，真実が何なのかを決めるためのやり方（手続）についても定めてある。多くの法ルールで採用されている標準的なやり方は，少なくとも次の2ステップからなる。

まず，真実が何なのかを決める人が誰なのかをあらかじめ決めておく。法ルールの場合，裁判官がこの役割を担うことが多い。第2に，もしも，この人にも，真実が何なのか分からなかった場合，法ルールの要件を充たしているということにするのか，それとも，充たされなかったということにするのか，どちらかにあらかじめ決めておくことだ。

真実が分からなかった場合に，「法ルールの要件が充たされているのか，充たされていないのか分かりません」と言ってしまっては，法ルールの効果が発動するかどうかを決められない。そこで，その場合に，効果が発動するのか，発動しないのか，どちらかに決め打ちしてしまうのである。

▎ どの法ルールを使うのか ▎

　以上のようにして，何が真実なのかが分かったとしても，どの法ルールを使えばよいのかは，すぐに分かるわけではない。もちろん，「CHAPTER 4　法を使う」に見た，殺人のような比較的単純な場合であれば，殺人罪（刑法199条）という法ルールを使えばよいことは，簡単に分かる。しかし，そのように簡単に分かる場合ばかりではない。

　これはちょうど，皆さんが高校で習う（そして大学受験で使う）数学に似たところがある。高校の数学の授業では，さまざまな公式や解法などを勉強する。けれども，教科書に書かれている公式や解法などを勉強し，理解しただけでは，直ちに大学入試の数学の問題が解けるようになるわけではない。数学の入試問題が解けるようになるためには，その問題で，「どの」公式や解法を使えばいいのか，が分かることが必要だ。でも残念ながら，授業で公式や解法の説明を聞いただけで，すぐに，いろいろな問題で，どの公式や解法を使えばいいのかが分かるようになることはない。

　いろいろな数学の問題で，今までにたくさん習ってきた公式や解法のうち，どれを使って解けばいいのかが分かるようになるためには，たくさんの問題演習をすることが必要だ——もちろん，数学センスに優れた人は，そんなことをしなくても分かるだろうが，そんな人はごくわずかだ。多くの人は，たくさんの問題演習をしていく中で，「このタイプの問題には，この公式・解法を使えばいいんだな」という解き方パターンとでも言うべきものを発見する力を身につけなければならない。

　法ルールの適用もこれに似ている。法学の教科書に書かれてい

るのは，公式や解法だ。それぞれの法ルールについて，どのような要件を充たせば，どのような効果が発生するのか，そしてなぜそんな法ルールが存在しているのか，が説明されている。しかし，それだけでは，現実世界において，教科書に書いてあった法ルールのうちどれを使えばいいのかが直ちに分かるわけではない。もちろん，全ての法ルールの要件を一つ一つチェックしていけば，要件が充たされる法ルールとそうでない法ルールを仕分けすることができる。でも，法ルールは無数にあるから，そんな作業はあまりに非効率的だ。事実関係を見たならば，「あ，このタイプの事件ならば，あの法ルールを使えばいいんだな」と思いついて，その次に，その法ルールの要件が充足されるか（そして，効果が発動するか）をチェックしていくことが効率的な法ルールの使い方だ。

▌ どうすれば，できるようになるか？ ▌

このような能力を身につけるためには，多くの場合——数学と同じように，法学の世界にもたまにセンスに優れた天才がいる——，たくさんの「問題演習」を通じて，どのようなタイプの事案にはどの法ルールを使えばいいのか，という結びつきを発見する能力を養わなければならない。そして実は，法曹実務家（裁判官，検察官，弁護士）になるために必要な司法試験において問われる能力のうち，最も重要な部分は，この能力なのだ。

法曹実務家，たとえば弁護士になった場合，皆さんのもとにやってくるのは，法ルールを知らない素人の依頼人だ。その依頼人が，「自分にはこんな困ったことがあるから，なんとか解決してほしい」と相談にやってくる。依頼人は，法ルールを知らない

から，自分の事件にどの法ルールがどのように適用されるのか，分からない。

　これに対し，法ルールのプロである弁護士は，依頼人の相談してきた事件には，どの法ルールが使われることになり，どのような結果（効果）が導かれるのかを評価した上で，どうすれば依頼人にとって最善の結果を実現できるかを考える。そのためには，法ルールの中身（＝要件と効果の組み合わせ）について知っているだけではダメで，その法ルールがどのような事実パターンのときに使われるのかについて知っていることも必要なのだ。

　司法試験に合格して法曹実務家として活躍するためには，このような能力を身につけることが必要だ。最初に言ったように，そのためにはいろいろなやり方があるけれども——そして，それらには人によって向き不向きがあるけれども——，最も一般的な方法は，数学の場合と同様，問題演習だ。過去に実際に起きた事件やら，仮想の事件やらにたくさんあたってみて，「このタイプの事件には，この法ルールが使える」という回路を頭の中に作っていくわけである。実際，大学の法学部には，「（大人数）講義」と呼ばれる，先生から学生に対して，法ルールの中身を一方的に説明する授業の他に，「（少人数）演習」と呼ばれる授業があるけれども，この演習タイプの授業は，問題演習を取り扱っているケースが多い。さらに，法科大学院に進学した場合に受ける授業も，この能力の習得を目的としているものが大部分だ。

▌　司法試験なんていらない？　▌

　でも，ちょっと待って，この能力がたくさんの事件に触れることによって伸ばされるものならば，とりあえず弁護士にさせてし

まい，その上で事件をどんどん経験させてあげれば，この能力は伸びるんじゃないか，だから司法試験なんていらないじゃないか，と考える人もいるかもしれない。

　そう，その推察は，半分あたっている。新人弁護士に比べて，ある程度経験を積んだ弁護士の方が，素早く，かつ，正確にどの法ルールが適用されるのかを判断できる。弁護士など，法曹実務家の育成にあたっては，OJT（on the job training＝働きながら鍛える）がとても重要なのであり，経験がかなりものを言う職業なのだ。

　けれども，司法試験なしで法曹実務家になれるとしたら，何が起こるだろう？　もしも，医師国家試験をなくしてしまったら，医学の知識が何もない「医師」が跋扈してしまい，不適切な医療を受ける患者が増えてしまいかねない。そうならないために，医師にもOJTが重要であるにもかかわらず，「医師になりたいのならば最低限このくらいは知っていてね」という水準を設定しているのが，医師国家試験だ。

　司法試験も同じで，誰でも法曹実務家になれるのであれば，依頼人に対して不適切なアドバイスがなされるケースが増えかねない。しかも困ったことに，依頼人には，相談先の弁護士の「実力」を知る手段が必ずしもない。そこで，「法曹実務家になりたいのであれば，依頼人に迷惑かけないように，最低限このくらいは知っていてね」という水準を，司法試験によって設定しているのだ。

　そこで次に，そんな法の適用の具体例を肌で感じるために，司法試験で実際に出題された問題を考えてみたい。

司法試験の例──法の適用の具体例

　ここで取り上げるのは，筆者が大学生の頃に勉強していた，1995年の司法試験の問題（民法第1問）だ。1995年の司法試験は，現在と少し制度が違っていて，一般的には「旧司法試験」と呼ばれる。現在の司法試験の問題は，もっと長くて読むのも大変（！）なのだけれども，この問題も十分に難しい。

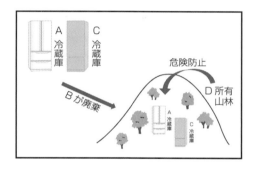

　飲食店経営者のAは，不要になった業務用冷蔵庫を，知人のBに頼んで廃棄してもらうことにした。Aが，店の裏の空き地にその冷蔵庫を出しておいたところ，近所の住人Cも，不要になった冷蔵庫を廃棄したいと思い，勝手にAの冷蔵庫のそばに自分の冷蔵庫を捨てた。Bは，トラックで空き地に乗り付け，そこに置いてあった2つの冷蔵庫を回収して，Dの所有する山林に不法に投棄した。これを発見したDは，付近が近所の子供達の遊び場になっているため，2つの冷蔵庫に各5万円の費用を費やして危険防止に必要な措置を講ずるととも

に，A，Cをつきとめた。なお，Bの所在は，不明である。

この場合に，DがA，Cに対してどのような請求ができるかについて，A，Cからの反論を考慮して論ぜよ。

法律家ではない人の解答

さて，こんな問題が出た場合，法学を学んでいない皆さんのような一般の人であれば，どのように考えるだろうか？　いろいろな意見が出てきそうだけれど，多くの場合，次のような回答が帰ってくるのではないだろうか。

まず，Bは，「産業廃棄物」をきちんと処理しなければいけなかったはずなのに，そうして，ない。Bは悪いやつだ！　あれ，でもBは行方不明で，Bに何かしてもらおうと思っても，させることができない。じゃあ，この産業廃棄物（ゴミ）を出したAやCが悪いんだから，AやCに責任をとらせよう。Dからすれば，自分の山に勝手に産業廃棄物を捨てられているからとばっちりだし，近所の子供たちを守るために，良いこともしている。それなのに，費用が全部自分持ちなんてかわいそうだ。それならば，Dは，AやCに対して，①冷蔵庫を回収しろと求めることができるし，②危険防止にかかった費用を払えと求めることができる，として良さそうだ。

法律家ではない人の解答の問題点

確かに，この結論でよさそうなのだけれども——そして実際，後で見るように，法律家の出す結論もそう大きくは違わない——，このような考え方にはいくつか問題点がある。

この考え方で結論を導くために使われている理由付けは，「悪

いやつだ！」「悪い」「とばっちり」「良いこと」「かわいそう」といった感覚的なものだ。このような感覚的な理由付けは，なんとなくわかりやすいけれども，どういう場合に「悪い」のか「良い」のか「とばっちり」なのか「かわいそう」なのか，基準がはっきりしない。ということは，判断する人によって評価が変わってしまうかもしれない。それに，「悪い」と評価されたAやCの側からすれば，「いや，自分は，きちんと業者に処理を委託したんだから，全然悪くない」との反論がかえってきて（Cはちょっとこの反論ができそうにないけれども），彼らを説得できそうにない。結局，何が「良い」「悪い」「かわいそう」なのか，唯一の正解は存在しないのだ。

これに対し，法ルール（ここでは民法）を使うと，何が「良い」「悪い」「かわいそう」なのか，意見の一致が存在しない状態においても，なんとか結論を出すことができる。法ルールは，誰もがその適用対象になりうる——すなわち，法ルールの適用によって，有利になることもあれば，不利になることもある——ことを前提に，どのような要件のもとでどのような効果を発生させることが社会的に見て望ましいのかを決めたものだ。だから，法ルールの適用によって，自分にとって不利な結論が導かれてしまった者に対しても，そのような結論が社会的に望ましいんだよ，違う状況であればあなたに有利な結論になることもあるよ，と説得することができるわけである。

▌ 法律家ならどう考えるか？ ▌

では，法律家（ここでは，民法という法ルールを学んだ者）の目からすると，このケースは，どのような解決になるのだろうか？

法律家としても考える問題は，①Dは，AやCに対して，「冷蔵庫を回収しろ」と求めることができるのかどうか，②Dは，AやCに対して，「危険防止費用などを払え」と求めることができるのかどうか，の2つだ。

　これらの問題を考えるにあたって，民法には，1000を超える条文があるけれども，そのうちどの法ルールを使うのかというと，基本的には3つしかない。所有権（民法206条），不法行為（民法709条），事務管理（民法697条・民法702条）だ。この3つが使える（可能性がある），と見当を付けられることが，先ほど説明した解法パターンの発見能力ということになる。この条文に思い当たることができるようになるためには，民法という法ルールの全体を知った上で，問題演習（あるいは経験）を繰り返して，どのタイプの事件に，所有権・不法行為・事務管理といった法ルールが適用される可能性があるのかを知っていないといけないわけだ。

▌ 所有権ルールの適用 ▌

　それでは，これら3つの法ルールを使うと，具体的にどのような結論が導かれるのかを考えていこう（以下は，ちょっと難しいので，読み飛ばしても構わない）。

　まず，Dは，山林の所有権を持っている（←問題文に「Dの所有する山林に」と書いてある）。所有権については，民法206条に，次のように書かれている：

　　所有者は，法令の制限内において，自由にその所有物の使用，収益及び処分をする権利を有する。

　この日本語からは必ずしもストレートに導かれるわけではないけれど，今日の法学の一般的な「解釈」（←法学部の民法の授業で学

ぶ）によれば，所有権が侵害されている場合（＝要件）には，その侵害を止めろと求める（＝効果）ことができる（専門用語では，「物権的（妨害排除）請求権」と呼ばれる），と考えられている。この事件では，Dが所有している山林に，Bが冷蔵庫を廃棄することによって（＝ゴミを投棄することによって），Dの所有権がBによって侵害されている。だから，Dは，Bに対して，冷蔵庫を回収しろと請求できる。

　もっとも，今回の事件では，Bは行方不明になっているので，Bに対する請求は意味をなさない。だから，Dは，冷蔵庫の元の所有者であったAやCに対して請求することになる。そんな請求ができるのかについては，民法206条には書いてない。だから，これも「解釈」になるのだけれど，最高裁判所は，元の所有者に何らかの悪いことをしたという要素（これを専門用語で「帰責性」と呼ぶ）があれば，その人に対して物権的請求権を使うことができる，と「解釈」している。この「解釈」に従うのであれば，AやCに帰責性が認められれば，冷蔵庫を回収してくれ，と要求できることになる。

　今回の事件では，Aは，きちんとした産廃業者であるBに冷蔵庫の廃棄を委託していたのならば，帰責性はなさそうだけれども，Bが違法産廃業者だと知って廃棄を委託していたのならば，帰責性ありということになりそうだ。また，Cについては，勝手に冷蔵庫を置いていったので，帰責性ありと言える。

▎　不 法 行 為 ル ー ル の 適 用　▎

　次に，不法行為について考えてみよう。前にも見た民法709条の条文は，次のようになっていた：

故意又は過失によって他人の権利又は法律上保護される利益を侵害した者は，これによって生じた損害を賠償する責任を負う。

　不法行為の要件は，①「故意又は過失」・②「他人の権利又は法律上保護される利益を侵害」・③「これによって」（因果関係）・④「損害」の発生の4つ，そして効果は，「損害を賠償する責任を負う」だったことを思い出そう。簡単な要件から見ていくと，AやCは，自分たちが以前所有していた冷蔵庫によって，Dの所有権を侵害しているから，「他人の権利を侵害」していると言える（要件②）。そのことによって（要件③），Dは，危険防止のための費用を支払う羽目になっている（要件④）。問題は，要件①（故意・過失）だ。Aが，Bが違法産廃業者であると知りつつ冷蔵庫の廃棄を委託したのであれば，Aに「過失」はありそうだけれども，Bが適正な産廃業者であったならば，Bがきちんと処理してくれるだろうとAが信頼するのは自然だから，「故意」や「過失」はないということになりそうだ。他方で，Cについては，適正な産廃業者に冷蔵庫の廃棄を依頼するのではなく，勝手に自分の冷蔵庫を放置しているのだから，少なくとも「過失」はあると言えるだろう。

▌　事務管理ルールの適用　▌

　最後に，事務管理（民法697条・民法702条）も見てみよう。民法697条1項には次のように書かれている：

　義務なく他人のために事務の管理を始めた者（以下この章において「管理者」という。）は，その事務の性質に従い，最も本人の利益に適合する方法によって，その事務の管理

（以下「事務管理」という。）をしなければならない。

さらに，民法702条1項には，次のように書かれている：

管理者は，本人のために有益な費用を支出したときは，本人に対し，その償還を請求することができる。

素人にはなかなか読みづらい条文たちだけれども，2つの条文をあわせて読むと，次のような要件と効果の組み合わせのルールを取り出すことができる：「義務なく他人のために事務の管理を始めた者」（要件①）が，「本人のために有益な費用を支出した」（要件②）場合は，「費用の償還を請求できる」（効果）。

Dは，冷蔵庫の危険防止なんてする義務を負っていないにもかかわらず，山林に冷蔵庫を廃棄したB（＝「他人」）のために，危険防止措置をとったのだから，「義務なく他人のために事務の管理を始めた者」だと言える（要件①）。その上で，本来ならB（＝「本人」）が冷蔵庫の所有者としてしなければいけないはずの危険防止措置を代わりにやってあげたのだから，「本人のために有益な費用を支出した」と言える（要件②）。だから，Bに対しては，危険防止措置にかかった費用を支払えと言える（効果）はずだ。

問題は，Bに対して冷蔵庫の廃棄を委託したり（Aの場合），Aの冷蔵庫のそばに自分の冷蔵庫を捨てたり（Cの場合）しているので，AやCは，もはや冷蔵庫の所有者ではなく，民法697条に言う「他人」（あるいは民法702条で言う「本人」）に該当しないのではないか，という点だ。

この問題については，いろいろな考え方があり得る。1つの考え方は，所有権（物権的妨害排除請求権）の場合と同様に「解釈」することによって，AやCに「帰責性」が認められる場合にのみ，危険防止措置にかかった費用を支払えと言えるようにする，とい

うものだ。この「解釈」は，別に唯一の正解ではなく，AやC
は「本人」ではないから，民法702条は適用されない，という「解
釈」も成り立ちうる。

　先に挙げた問題文を読んだ上で，ここまでに説明したようなこ
とを書くことができれば，法曹実務家として最低限のラインをク
リアしているとして，司法試験に合格することができる。もち
ろん，今現在，皆さんはこのハードルをクリアできない（はずだ）
けれども，法学部で勉強した後にはクリアできそうだと思えるだ
ろうか？　もし，皆さんがこのような法ルールの使い方に興味を
持ったならば，民法の入門的な教科書（たとえば米倉明『プレップ
民法〔第5版〕』（弘文堂，2018年））を読んでみるといいだろう。

医 学 と 法 学

▌　医学と法学はどこが似ているのか？　▌

　ここまでに見てきたような法ルールの適用という作業は，医学
とよく似た構造を持っている。ひょっとすると皆さんは，「医学
は人の病気を治し，法学は社会の病気を治す」といった法学の宣
伝文句を今までに聞いたことがあるかもしれない。ところが，こ
の宣伝文句はちょっと的外れだ。法学と医学が似ているのは，何
かの「病気を治す」というところではない。判断の仕方が似てい
るのだ。

　大学の医学部に入って医学を学び始めると，さまざまな病気に
ついて，その徴候と治療法を学ぶ。たとえば，発熱・咳・腹痛・
発疹・血圧など，一定の徴候が認められた場合に，ある病気だと

診断し，その病気に適した治療を施すことになる。それらを学んだ上で，患者に対する問診や検査などを通じて，その患者がどんな病気にかかっているのかを判断するわけだ。

この判断の仕方は，法ルールの適用とよく似ている。医学に言う徴候は，法ルールで言う要件で，徴候＝要件が充たされれば，何らかの病気だと診断されて，決まった治療が施される。法ルールの場合であれば，その法ルールが適用されて，定められた効果が発動する。

医学について素人の患者は，どの事実を医師に伝えたらいいのかよく分からないから，医師の方で当たりを付けながら，あれこれと質問（問診）したり検査をしたりしていく。これは，法律家が，素人の依頼人の話を聞きながら，どの法ルールが適用されそうか当たりを付け，その要件が充たされるかどうかを判断するために，さらにいろいろと質問をしていくのとよく似ている。また，そのような診断をする前提として，さまざまな病気に関する体系的な知識を持っていることが必要になるし（だから医学部は6年間もある），法学もさまざまな法ルールの全体を知っていないといけない。

もっとも，医師が常にこのような形で判断をしているとは限らない。徴候を一つ一つチェックしていった上で，「この患者は○○という病気だ」というかたちで論理的に診断することは，医学の世界では「アルゴリズム診断」と呼ばれる。これに対し，たくさんの患者に接し，たくさんの症例を見てきた熟練の医師であれば，患者をぱっと観察しただけで，「あ，この患者は○○という病気だ」と一発で診断できることもある。こちらは「スナップショット診断」と呼ばれる。これも，前に見たように，駆け出し

の弁護士は，どの法ルールが使われるのかを素早く発見すること
が難しいけれども，経験を積んだ弁護士であれば，どの法ルール
が使われるのかを素早く発見できるのと，よく似ている。

　このように，医学と法学は，その判断の仕方と学び方とが，か
なり似ているのだ。

▌　医学と法学は違う　▌

　他方で，医学と法学には，大きな違いもある。それは，前にも
出てきたように，法学が「ことば」を中心に置いている点だ。

　もちろん，医学の教科書も，「ことば」で書いてある（日本語の
こともあれば英語のこともある）。それでも，医学が対象の中心にお
いているのは，あくまで人間の病理現象だ。すなわち，どのよう
な原因によってどのような病理現象が発生し，それを発見し治療
するためにはどうすればよいかを分析するのが医学だ。確かに教
科書は「ことば」で書かれているけれども，それは，私たちがこ
とばでコミュニケーションせざるを得ないからにすぎない。

　これに対し，法学では，法ルールということばの体系そのもの
が中心になっている。どういうことば（法ルール）を作ればよい
のか，そして，そこにあることば（法ルール）をどのように解釈
し適用していくのか，が法学の中心だ。これは，他の社会科学と
も大きく違っている。

　たとえば，経済学は，経済現象（あるいは人間行動）が分析の対
象で，それについてコミュニケーションするためにことばが使わ
れているにすぎない。また，心理学も，人間の心理が分析の対象
で，それについてコミュニケーションするためにことばが使われ
ているにすぎない。この意味で，法学は，大学で学ぶ学問分野の

中では，かなり風変わりな立ち位置を持っていることになる。

▌ 法学はなぜ，ことばが学びの対象なのだろうか？ ▌

　では，なぜ，法学では，ことば（法ルール）の体系そのものが分析対象となっていて，その法ルールが実現しようとしている「望ましい社会のあり方」などが分析対象にならないのだろうか？

　法ルールは，確かに，社会をコントロールし，何らかの社会目的を実現するためのツールにすぎない。けれども，法ルールを解釈し，適用していく人はさまざまだ。裁判官・検察官・弁護士などの法曹実務家のみならず，公務員も解釈・適用するし，私たち一般人も，法ルールが設定したインセンティヴに反応して自分の行動を変えていくから，法ルールを解釈・適用することになる。もし，法ルールを使う人によって，法ルールの理解が違ってしまうと，法ルールが本来目的としていた社会目的が達成できなくなってしまいかねない。

　誰が法ルールを使っても，「だいたい」同じような使い方になるためには，「CHAPTER 3　さまざまなルール」においても説明したように，抽象的な社会目的を設定するのではなく，ことばで書かれた法ルールを設定しなければいけない。しかも，わかりやすい「要件＋効果」のかたちでルールを作り，使っていく必要が出てくるのだ。

▌ 「法律家は悪しき隣人」 ▌

　医学と法学には，もう1つ，重要な違いがある。お医者さんが隣にいるとうれしいけれど，法律家が隣にいるとウザい（ことが

ある）。「法律家は悪しき隣人」ということわざがあるくらいだ。
なぜだろうか？

　これまで見てきたように，法ルールの解釈は，いろいろなバリ
エーションがある。似たようなことばから，さまざまな解釈が導
かれる。法律家は，そういった作業に慣れているから，解釈の仕
方についての，たくさんの引き出しを持っているわけだ。そうす
ると，たくさんの引き出しの中から，自分にとって有利な結論が
導かれるような解釈（だけ）を見せて，しかも，それをいかにも
説得的にプレゼンすることができることが多い。

　それに，法ルールの適用についても，事実の確定，そして，使
える法ルールの発見については，唯一の正解はなく，さまざまな
答えがありうる。ここでも，法律家は，そんな作業に慣れている
から，たくさんの引き出しを持っている。だから，法律家は，ど
の事実を拾い上げて，どの法ルールを使うのかについて，自分
にとって有利な結論が導かれるようなものだけを選び出し，しか
も，それをいかにも説得的であるかのように見せることが得意な
のだ。

　法律家って，確かにいやなやつに違いない。

　ただし，一応，法律家のために言い訳しておくと，まず，そん
な法律家であっても，味方についてくれるのならば，心強い。そ
れに，法律家だったらどんな議論でもできるかというと，そこに
は限界や「相場観」がある。少なくとも，法律家同士であれば，「こ
の辺が妥当な結論だよね」という見解の一致を見ることができる
ことは，少なくない。

法を使う：応用編

法ルールを「予防」に使う

法ルールと「予防」

　ここまで見てきた法ルールの使い方は，法ルールの適用，つまり，何か事件が発生した場合に，その事件にどの法ルールがどのように適用されていくのか，という使い方だった。ところが，法ルールには，別の「使い方」もある。それは，法ルールを「予防」に使うことだ。

　今までに見てきたように，法ルールは，決められた要件が充たされれば，決められた効果，すなわち，何らかのインセンティヴが発生する，というかたちを持っていた。とすれば，既に発生してしまった事件についてではなく，将来これから行おうとしている行動に対する指針としても，法ルールを「使う」ことができるはずだ。

　これから何か行動をとろうとしているときに，ある法ルールが適用されるかもしれない，と分かったとしよう。そのときに，その法ルールに決められた効果が，自分にとって望ましくないものであれば，その法ルールの要件のどれかを充たさないような行動を選べば，その法ルールは適用されないことになり，その効果を避けることができる。

　これに対し，その効果が自分にとって望ましいものであれば，その法ルールの要件を全て充たすような行動を選べば，その法ルールが適用され，その効果を受けることができる。このように，

法ルールを見ながら，自分の行動を自らに有利に変えることができるのが，法ルールの「予防」的な使い方だ。

　もちろん，効果的に法ルールを活用するためには，どの法ルールが適用されそうかについて正しく判断した上で，その法ルールがどのように解釈され，適用されるかについて，上手に予測しなければいけない。法ルールの扱いに十分に習熟していることが必要だ。

▌ 「企業法務」の仕事 ▌

　このような法ルールの使い方は，皆さんが将来企業に就職し，法務部に配属された場合に，中心的な仕事となる。企業の法務部の重要な仕事の1つは，自社がこれからとろうとしている行動に対して，法ルールに照らして，それが自社に有利か不利かを判断し，もし不利な場合には，行動を変えるべきかどうか再検討するようにアドバイスすることだ。

　もちろんこれは，企業の法務部だけではなく，弁護士にとっても重要な仕事の1つになる。法ルールの素人である依頼人に対して，どのような行動をとればその人にとって有益か（あるいは，不利益か）をアドバイスしてあげることは，とても重要だ。

　ちなみに，企業の法務部には，他にも面白い仕事がある。今までに見てきたように，法ルールの解釈も適用も，正解が1つに決まる問題ではない。人によって答えが変わりうる問題だ。特に，今までに発生したことのないタイプの事件については，何が正解かは，分からない。そのような状況において，どこまで「危ない橋を渡る」のか，それにどこまで自社に不利益な法ルールが適用されるリスクがあるのかを予測し，アドバイスしたり，場合に

　よっては担当省庁などと交渉したりしていくのは，法務部にしか
できない仕事で，やりがいのある仕事の1つだ。
　もし皆さんが，法科大学院まで進学すれば，そうした企業法務
の実際を学ぶための授業があるかもしれないので，是非とも参加
してみて欲しい。

法を作る

法ルールを作る

法ルールを作るときの考え方

どのようにして法ルールが作られるのかについては，これまで
にある程度見てきた。

法ルールは，何らかの社会目的を実現するためのツールであ
る。そして，要件と効果の組み合わせによって人々にインセン
ティヴを与えることによって，それら社会目的の実現を目指すわ
けだ。そうだとすれば，法ルールを作るときには，まず，その法
ルールによって，どのような社会目的を実現したいと考えている
のかを決める必要がある。その上で，人々にどのようなインセン
ティヴを与えると，その社会目的が実現できるのかを考え，その
ためには，どのような要件・効果の組み合わせを使えばよいかを
考えることになる。

以上が，これまでに見てきた法ルールを作るときの基本的な考
え方だ。もっとも，この考え方を単純に適用することによって法
ルールを作ることができるかというと，必ずしもそうではない。
以下では，実際にルールを作ってみることを通じて，ルールの作
成にどんな悩み事があるかを見てみたい。

ルールを作ってみよう：定期試験の病欠

これから考えるルールは，高校の中間試験や期末試験などの定
期試験，さらには入試などの追試験に関するルールだ（社会人の

読者の方は，出社に関するルールに読み替えて考えてみてもいいかもしれない）。

　多くの高校においては（大学においても），一定の仕方のない事情（専門用語としては「やむを得ない事情」ということばを使うことが多い）がある場合には，定期試験を欠席してもよく，その場合には，追試験を受けることができるとされている。追試験を受けられる事情としては，①親族が死亡するなどの忌引きや，②インフルエンザ等の病気，の2つが挙げられていることが多い。①の要件は，単純明快だ。誰が死亡していて，誰が死亡していないかは，比較的簡単に分かるし，試験をサボるためにウソをつくことは難しい。問題は②だ。

　まず，この追試験ルールが，何を目的としているのかを考えよう。追試験ルールは，仕方のない事情のある学生に，無理に試験を受けなくてもよいようにする（別の日に試験を受けるチャンスを与える）ことが，最大の目的だ。病気にかかって体調が悪いときに，無理に登校して試験を受けるのは大変だし，かえって病状を悪化させるかもしれない。病気によっては（たとえばインフルエンザや新型コロナウイルスなど），クラスメートたちにその病気をうつしてしまうかもしれない。それならば，試験を休んで療養し，病気が治ってから追試験を受けてもらえばいいじゃないか，というわけだ。

病欠ルールの悪用の可能性

　ところが，この追試験ルールには，残念ながら，悪用される可能性がある。大学の授業の中には，定期試験の代わりにレポートの提出によって成績が付くものがあるのだけれど，そんな授業で

は，レポート提出期限直前になって，「おじいちゃんが亡くなりました」「おばあちゃんが亡くなりました」といった連絡が増えることが，大学教員の間ではよく知られている。たちの悪い学生だと，親族を10人以上死なせてしまうなんて話（都市伝説かも？）も流れてくる。病気を理由とする追試験の場合も同じだ。

　追試験は，忌引きや病気など，本来の定期試験を受けられなかった原因が解消された頃に行われるから，本来の定期試験ではなく，追試験を使うことによって，数日間（たとえば1〜2週間），試験勉強をする時間が生まれるのが通常だ。そうすると，本来の定期試験を受験すると，試験勉強がまだ終わっていなくて赤点になりそうだと思った学生には，定期試験の受験を避けて，代わりに追試験を受けようというインセンティヴが発生する。そのための簡単な方法が，仮病を使うことだ。学校に，「病気になりました」とウソの連絡をして，追試験を利用すればいい。

　仮病を使われると，困る。本来の日程で定期試験を受験した学生と，追試験を利用した学生との間で，不公平が生まれてしまう（筆者のような出題者側からすると，問題をもう1セット作るのも結構大変で，できれば避けたい事態だ）。もちろん，そんな不公平が発生しても問題ない，という考え方も十分あり得る。けれども，ここでは一応，学生の成績を公平に付ける，というのも，試験を行うときに目指すべき目的の1つに設定しておこう。

▋　悪用を防ぐには　▋

　仮病を防ぐためには，学校側が，病気を理由とした追試験の利用が申し立てられたときに，その学生が，本当に病気かどうかを調べればよさそうだ。本当に病気だったならば，追試験を認め，

仮病だったら追試験を認めないことにするわけだ。ところが，このルールはうまく機能しない。それは，学校は医師ではないので，その学生が本当に病気なのかどうか，正確な診断をすることができないからだ。では，どうすればよいのだろうか？

　1つの方法は，病気を理由とする追試験の利用を申し立てる場合には，医師の診断を受け，病気について診断書をもらってこなければいけない，というルールにしてしまうことだ。このルールならば，学校は，学生が本当に病気なのかどうか，診断をする必要がない。プロである医師に正確な情報をもらうことができるからだ。実際，読者の皆さんが通っている高校の中には，このタイプのルールを持っているところもあるかもしれない。

▌　公衆衛生という視点　▌

　ところが，診断書の提出をリクエストするルールは，医師の間では，評判がとても悪い。医学には公衆衛生という学問分野があり，「どうやって集団全体・社会全体を健康にするか」を考える分野なのだけれども，この公衆衛生の観点からすると，診断書の提出をリクエストするルールは，非常にまずいのだ。

　たとえば，あなたが38度を超える高熱を発して，自分はインフルエンザにかかったのではないかと考えたとしよう。高齢者などならともかく，普通の高校生であれば，インフルエンザによって死亡することはほとんどないし，数日待てば自然と治る。タミフル・イナビル・ゾフルーザなどのインフルエンザ治療薬の処方を受けても，治癒までの期間が1〜2日短くなるだけだ。受診のタイミングによっては治癒期間短縮の効果すらない。もしも，そんなあなたが，インフルエンザの診断書が欲しいからと近くの診療

所を受診した場合，次の2つの困ったリスクが生まれてしまう。

　第1に，あなたが本当にインフルエンザだった場合，その診療所の待合室にいる他の患者さんや，診療所のスタッフに，インフルエンザをうつしてしまうかもしれない。特に，他の患者さんの中に高齢者などがいた場合，その人が重症化すると大変だ。第2に，あなたが実はインフルエンザではなかった場合，診断書をもらうために診療所を受診したときに，診療所の待合室にいる他の患者さんからインフルエンザをうつされ，本当にインフルエンザに罹患してしまうかもしれない。

　診断書の提出をさらに悪手にする要素として，インフルエンザの検査が必ずしも正確ではない，という問題もある。本当はインフルエンザにかかっているのに，検査で陽性と出ずに陰性と出てしまう（専門用語では「偽陰性」と呼ばれる）ことが結構多い（特に，発症直後の場合）。だから，陰性と出ても，安心できないわけだ。ひょっとすると，皆さんの中にも，インフルエンザ検査をしても陽性と出ず，「後でもう1回来院してください」なんて言われた経験がある人もいるかもしれない。

　そうすると，公衆衛生の観点からすると，インフルエンザの可能性がある人は，自宅で静かに療養するのがベストだということになる（もちろん，高熱がつらかったら，アセトアミノフェン（カロナール）のような解熱剤があると助かるけれども）。診断書を求めて診療所を受診すべきではない。そんなことをしたら，かえって社会にインフルエンザを拡散してしまう（#拡散希望）。

　新型コロナウイルスも状況は似ている。発熱と咳が続いても，新型コロナウイルスに罹患しているかどうかは分からない。そこで，診断書が欲しいからといって診療所などに行ってしまうと，

本当に新型コロナウイルスに罹患していた場合には，他の患者にうつしてしまうかもしれないし，本当は新型コロナウイルスに罹患していなかった場合には，他の患者からうつされてしまうかもしれない。さらに，新型コロナウイルスの検査も，偽陰性の確率が高く，必ずしも信頼できるものではない（少なくとも2020年夏の時点では）。だから，軽い症状にとどまっている場合には，診療所を受診せず，自宅で療養していることが，社会的には望ましいのだ。

▍　結局，何をゴールにするのか？　▍

　もっとも，そんな公衆衛生的なことを学校が考える必要はない，という考え方もありうるかもしれない。インフルエンザや新型コロナウイルスが社会に拡散するかどうかは，学校にとってはどうでもいいことで，それよりも，試験の公平さの方が大事だ，という考え方も十分ありうる。社会全体の利益と学校の利益とはイコールではない。そのように考えるのであれば，診断書の提出を求めるルールが，最適なルールになる。

　他方で，やっぱり社会のことも大事だ，学校も公衆衛生的な観点を持たなければならない，というのならば，診断書の提出を求めるべきではないことになる。でも，そうすると，試験勉強時間の確保のために仮病を使う学生が出てきてしまいかねない。どうしたらいいだろうか？

▍　二兎を追う　▍

　考えられる方法の1つは，仮病を使うインセンティヴを減らしてしまうことだ。学生がなぜ仮病をするかというと，試験勉強

の時間を稼ぐためだった。それならば，試験勉強の時間を稼いで
も意味がないようにしてしまえばいい。いろいろな方法が考えら
れるが，たとえば，試験勉強の時間が長くなる分，追試験の問題
を本来の定期試験の問題よりも難しくするとか，採点を厳しくす
るとかいった方法がある。これならば，仮病を使って追試験を受
けた学生が，本来の定期試験を受けた学生よりも有利になること
はないから，あえて仮病を使うインセンティヴは小さくなるだろ
う。

　もっとも，追試験の問題をあまりに難しくしすぎたり，採点を
あまりに厳しくしすぎたりすると，今度は，本当に病気だった学
生が，追試験を利用すると不利になることを恐れて，病気を我慢
して本来の定期試験を受けに登校してくるインセンティヴを持つ
ことになる。だから，追試験を本来の定期試験よりも難しくする
場合には，試験勉強の時間が延びた分，ちょうど同じくらいの難
しさになるように，上手に調整することが必要だ。

　でも，筆者も含めて，高校や大学の先生たちにそんな綱渡りの
ような調整ができるだろうか？　中には適切な調整が不得意な先
生だっているだろう。そういった先生の場合には，学生に望まし
くないインセンティヴを与えてしまう結果になることは避けられ
ない。

▌　ルールを作るときの心構え：予期しない結果　▌

　試験の病欠のためのルールの作成は，ルールを作るにあたって
どのような心構えが必要なのかについて，いろいろな教訓を与え
てくれる。

　まず重要なのは，ルールの設定した要件・効果の組み合わせは，

ときに予期しない結果を招くことがある，という点だ。病欠ルールの場合では，病気の学生のために良かれと思って作ったルールが，試験勉強時間稼ぎのための仮病の申し出というインセンティヴをもたらしたり，仮病を見抜くために診断書の提出を求めるルールが，社会にインフルエンザや新型コロナウイルスの拡散という公衆衛生的に望ましくない事態を引き起こしたりすることをみた。どちらの場合も，ルールの作成者が意図したのとは違う結果をもたらしてしまっている。

　このような予期しない結果を避けるためには，どうすればよいだろうか。予期しない結果を「予期できる」ようになるために大事なのは，ルールが適用される人の立場になってみて，もし自分がその人だったならば，ルールの設定した要件・効果のもとで，どのような行動をとるだろうか（どのようなインセンティヴを持つだろうか），と考えてみることだ。ルールを作る人と，ルールが適用される人とは，別の人であることが多いから，あなたがルールを作る側であっても，ルールが適用される側の気持ちになって考えなければならないわけだ。

█　2020年冬の国立大学入試　█

　この点の配慮が足りなかった例として，2020年冬の国立大学入試が挙げられる。新型コロナウイルスの感染拡大を受けて，東京大学や筆者の勤務する東北大学をはじめとして，いくつかの国立大学が，新型コロナウイルスの感染者は入試を受けさせないことを発表した。これらの大学が考えていた目的は，新型コロナウイルスの感染者が受験すると，他の受験生に感染を拡大してしまう危険があるから，他の受験生の健康を守る必要がある，といった

ものだろう。

　けれども，このルールの適用対象である受験生の側からすると，このルールは違うかたちに見える。あなたが受験生で，高熱と咳が数日続いていたとしよう。まだ自分が新型コロナウイルスに感染しているかどうかは分からない。あなたの選択肢は 2 つだ。新型コロナウイルスの検査を受けて，万が一陽性となった場合には，今年度の入試を諦める。もう 1 つは，解熱剤（さっきのアセトアミノフェン）を飲んで熱を下げ，そのまま黙って受験する（だって自分は新型コロナウイルスに感染しているかどうか，まだ分からない！）。どちらを選ぶだろうか？

　かなりの数の人が，2 つめの選択肢を選ぶのではないだろうか。だって，1 つめの選択肢を選んだら，1 年間の浪人確定（あるいは，志望大学に行けない）だからだ。1 年を棒に振るのはあまりにつらいことだから，社会全体の利益より自分自身の利益を優先することになっても，なかなか責められない。本当に新型コロナウイルスに感染している確率も，かなり低いことだし。

　そうすると，「新型コロナウイルスの感染者は入試を受験させない」というルールは，新型コロナウイルスの感染疑いがある受験生に，自分の症状を隠して受験するインセンティヴを与えるルールだ，ということになる。そうすると，他の受験生の健康をかえって危険にさらす，という予期しない結果を生むことになるのだ。

　では，どうすれば良かったのだろうか？　1 つの方法は，新型コロナウイルスの感染疑いのある受験生であっても，受験を認めた上で，他の受験生への感染を防ぐために，別室で受験させるという方法だ。もちろん，別室を準備しなければならないというこ

とは，試験監督のためのスタッフを多めに準備しなければいけないから，スタッフに余裕のない大学には，この対応が難しいかもしれない。それに，別室受験している受験生からスタッフへの感染防止も，かなり難しいかもしれない。それでもなお，このようなルールの方が，受験生に症状についてウソをつくインセンティヴを減らすから，総合的には，望ましいものである可能性が高いだろう。

▌ ルールを作るときの心構え：情報 ▌

　ルールを作るときの心構えとしてもう１つ重要なのは，「情報」を入手できるかどうかだ。ルールは，要件と効果の組み合わせだけれども，要件が充たされているかどうかを判断するためには，要件に相当する事実が存在するかどうか，という情報が入手できるようになっていなければならない。病欠ルールの場合でいうならば，「その学生が本当に病気にかかっているのか」というのが重要な情報だった。そして，全ての問題は，この情報を，学校が直接入手することができず，医師に頼らなければならない，ということから発生していた。学校が情報を入手できないからこそ，「学校が病気かどうかを判断する」というルールは作れないのだ。

　このように，ルールを適用する側が，ルールの適用にあたって必要な情報を入手できるかどうかによって，そのルールがちゃんと働くかどうかが変わってくる。ルールの適用にあたって，どのような情報が必要であり，その情報が利用可能なのかどうかを知っておくことは，ルールをきちんと機能させるためには，決定的に重要なのである。

　ルールを作るときの心構えとして重要なものは，他にもある。ルールによって目指すべき目的は，1つとは限らず，しかも，それら複数の目的は，両立し得ない場合もある，ということだ。病欠ルールの場合でいうならば，「学生の健康を守ること」「公平な試験を行うこと」「社会の健康を守ること」の3つの目的があったけれども，これら3つを同時に達成することは，前述した情報の入手可能性の限界もあって，難しい。

　まず，「病気の申し出があった場合は，追試験を受けられる」という単純なルールの場合は，「学生の健康を守ること」という目的は達成できるけれども（「社会の健康を守ること」という目的にはとりあえず直接影響しない），「公平な試験を行うこと」という目的は達成できない。

　もっとも，「我が校の生徒は，真面目だから，仮病なんて絶対に使わない！」という自信がある場合は，2つめの目的の達成は，考えなくてもよいかもしれない。特に，高校生の場合は，親と一緒に生活している人が多いだろうから，学校に仮病の申し出をするためには親まで巻き込む必要があって難しそうだ。そんな場合には，このルールで押していくのもいい考えだ。でも，大学生になると，一人暮らしを始める学生も多いから，仮病は使い放題（授業に寝坊した場合でも「病気でした」なんて言える！）になる。そうすると，そうも言っていられない。

　次に，「診断書をそえた上で病気の申し出があった場合は，追試験を受けられる」というルールの場合は，「公平な試験を行うこと」という目的と「学生の健康を守ること」という目的とは達

成できるけれども，「社会の健康を守ること」という目的は達成
できない。

　最後に，「病気の申し出があった場合は，追試験を受けられる。
ただし，追試験は，本来の定期試験より厳しい成績が付く。」と
いうルールの場合は，「社会の健康を守ること」という目的は達
成できる。しかし，「公平な試験を行うこと」という目的と「学
生の健康を守ること」という目的については，追試験と本来の定
期試験の難易度の違いの程度によって，達成できなかったり達成
できたりする。

　このように，複数の目的を同時に達成することは，必ずしも可
能なわけではない。そのような場合に，どのルールを選ぶべきか
を決める際には，いろいろなことを考慮に入れる必要がある。ま
ず，自分たちは，どの目的が最も重要で，どの目的はさほど重要
ではないのか，を決めなければならない。それから，ルールが適
用される人がどんな人たちで，その人たちにとっては何が大事な
のか，を考える必要がある。もしかすると，目的のうちどれかは，
自動的に達成できるかもしれない（真面目な生徒ばかりの高校のケー
ス）。最後に，どんな情報が入手できて，どんな情報が入手でき
ないのかを考える。入手できる情報によって，使えるルールと使
えないルールとが出てくる。

　ルールを作るときには，しばしば，「最善の策」（専門用語では
「ファースト・ベスト」と呼ぶ）は，必ずしも実現できない。その場
合には，複数考えられる「次善の策」（専門用語では「セカンド・ベ
スト」と呼ぶ）のうち，どれが最も「まし」なのか，折り合いを
付けながら決めなければならないのだ。それは，ルールを作るこ
との醍醐味の1つといってもよいかもしれない。

日 本 の 法 律 の 作 ら れ 方

　ここまで，法ルールを作るときに，どのような点に注意をすることが望ましいのかについて考えてきた。では，実際に日本で法律が作られるときには，どのようにして作られているのだろうか？

　皆さんが，高校の授業で勉強するように，法律は国会で作られる。法律案が，衆議院と参議院の議決を経ることによって法律として成立する（憲法59条）。法律案は，衆議院議員や参議院議員など，議員が作成して提出するものと，内閣が作って提出するものとがあるが，最終的に法律になるのは，後者の割合が圧倒的に高い。たとえば，最近の第198回通常国会を見てみよう（http://www.shugiin.go.jp/internet/itdb_gian.nsf/html/gian/kaiji198.htm）。

　この国会における衆議院議員提出法律案（衆法）は36本で，そのうち10本が成立。参議院議員提出法律案（参法）は34本で，そのうち4本が成立。内閣提出法律案（閣法）は57本で，そのうち54本が成立。成立した数の上でも，「打率」の上でも，閣法が議員提出法案を圧倒している。さらに，成立した法律案の中では，閣法の中に「民法等の一部を改正する法律案」（51番）が入っていることから分かるように，重要な法律案は（民法は，いわゆる「六法」（憲法・民法・刑法・商法・民事訴訟法・刑事訴訟法）の中に含まれる），閣法として国会に提出されることが多い。加えて，衆法や参法であっても，実質的には，閣法と同じような作られ方をしている場合もある。閣法が，日本で法律を作る際の「メインルート」なのだ。

▍ 閣法（内閣提出法律案）の作られ方 ▍

　では，日本の法律の作られ方の「メインルート」である内閣提出法律案では，具体的にどのような形で法律が作られていくのだろうか？

　まず，これから作ろうとしている法律の分野を担当する省庁が，法律案作成の責任者となる（専門用語では「所管」と呼ぶ）。先ほどの民法の場合なら，法務省が所管している。この省庁が，法律案を作成すると，内閣法制局という機関によるチェックがなされる。内閣法制局は，普段はあまり表に出てくるお役所ではないので，あまりなじみがないだろうが，憲法問題などで国会答弁するところを見聞きしたことのある人もいるかもしれない。

　内閣法制局の仕事は，各省庁で作られた法律案が，憲法や他の法律に違反していないか，ことばの使い方がおかしくないか，などといった点をチェックすることだ。「日本の裁判所は違憲（憲法違反）判決を出すことはめったにない」ことを聞いたことがある人がいるかもしれないが，その原因の１つは内閣法制局にある。憲法や他の法律に違反する法律案は，そもそも内閣法制局の段階でストップされ，それが日の目を見ることは基本的にないからだ。

　省庁の作った法律案が，無事，内閣法制局の厳しいチェックを通り過ぎると，総理大臣と大臣とによる閣議でゴーサインを得たのち，国会に提出される。国会に提出されると，衆議院・参議院での審議を経て，無事可決されると，晴れて「法律案」から「法律」になる。

　国会での議論によって，法律案に不十分な点・不適切な点が発

見されれば，法律案は修正されることになる。けれども，多くの場合は，法律案が法律になるにあたっては，全く修正されないか，あるいは，修正されてもごくわずかだ。閣法の法律案の内容の大部分は，所管省庁の法律案作り（そして，内閣法制局によるチェック）の段階で決まっている。では，省庁では，どうやって法律案が作られているのだろうか？

▌ 省庁における法律案の作成 ▌

　省庁は，いろいろなやり方で法律案を作っていくけれども，前述した「六法」のような基本的な法律の場合には，審議会やワーキンググループなどという名前のついた会議で検討しながら，法律案を作っていくことが多い。このような会議のメンバーとして集められるのは，通常，その法律によって影響を受ける人たち（専門用語では「利害関係者」と呼ばれることが多い）の代表者と法学者を始めとする研究者だ。その代表者たちに，「○○という内容の法律を作って欲しい」「いや，その内容の法律は困る，××という内容の法律にして欲しい」などと議論してもらい，最終的にみんなに納得してもらえるような「落としどころ」を探って，法律案にしていくのである。

　もちろん，常に，このようなかたちで法律案が作られているとは限らない。本書で今まで見てきたように，その法律でどのような社会目的を実現したいのかをあらかじめ決めておき，その目的を実現するためには，どのような要件・効果の組み合わせが最適なのかを考える，といったかたちで法律案が作られていくこともある。けれども，そんなスタイルで法律案が作られることは必ずしも多くはない。なぜだろうか？

なぜ利害調整を通じて法律案が作られるのか?

まず, このスタイルが使えるためには, その法律がどのような目的を持っているのかを初めに決めなければならない。けれども, 病欠ルールの作り方でも見たように, どんな社会目的の実現を目指したらよいのか, そもそもゴールの設定に正解はない。目指すべき目的が複数あり得るときに, どのような優先順位を付けてどのように解決を図っていくのかは, 自明ではないのだ。だとすると, 最初から, 「この法律は○○という目的の実現を目指す」と決めてしまうのではなく, 「みんなの意見を聞きながら」どのような目的を実現すべきなのかを探っていくことには, それなりにいい点もある。

次に, 法律案を作る省庁の公務員 (「官僚」とか「役人」と呼ばれることもある) は, 必ずしも法律案の作成に必要な情報を持っているとは限らない。そもそも何を目的にすべきかが決まらない場合については既に述べたけれども, 目的が決まった後でも, ①どのようなインセンティヴを人々に与えれば, 人々はその目的の実現に沿うように行動してくれるのか, ②そのインセンティヴのためには, どのような要件・効果の組み合わせが適切か, ③要件を充たしたかどうかを判断するための情報は入手できるか, などいろいろなことを考えなければならない。

残念ながら, 省庁の公務員たちは, これらを考えるのに必要な情報を自分たちでは持っていないことが多いのだ。そうすると, 法律案を作るにあたっては, いろいろな人の意見を聞いて調べていくことが必要になるのである。

▎ 「公共政策大学院」 ▎

　日本のいくつかの大学は，法学部やそのほかの学部を卒業した後，公務員になりたい人（あるいは，既に公務員になっている人）のために，「公共政策大学院」という名前の大学院を持っている。日本の公共政策大学院で教えられているのは，まさにこのようなスキルであることが多い。いろいろな人の意見を聞いて必要な情報を集め，その上で，利害調整を行って，望ましい「政策」——これが法律案にもつながっていく——を決めていく，というスキルを学ぶのである。

　もっとも，「公共政策大学院」は，このようなタイプのものばかりではない。米国にも同じ名前（public policy school）を持つ大学院が多数あるけれども，そこで教えられていることは，全然違う。

　米国の公共政策大学院で教えられていることは，「どのような政策が社会的に望ましいか」の探し方だ。前に述べた整理で言えば，「どのようなインセンティヴを人々に与えれば，人々は，ある社会目的の実現に沿うように行動してくれるのか」を探すわけだ。そして，この問題を解くためのツールとして，経済学がメインに教えられていることが多い。特に最近は，「証拠に基づく政策形成（evidence-based policy making; EBPM）」と呼ばれる動きが強く，客観的なデータに基づいて「どのような政策が社会的に望ましいか」を決めようとすることが多い。

▎ 日米の「公共政策大学院」が違う理由 ▎

　米国の公共政策大学院が，日本の多くの公共政策大学院と違っているのは，法律案（政策）の作られ方が違うからだ。日本では，

閣法による法律案作りがメインで，その閣法は省庁の公務員たちによる利害調整を通じて作られていく。これに対し，米国では，日本で言えば議員提出法律案に相当するものが多くなっている。各議員は，法律案を作るためのスタッフを自分で雇い抱えている。このスタッフたちが，議員が目指す社会目的のためには，どのような法律案がいいかを考える（逆に，スタッフから議員に提案がされる場合もある）。米国の公共政策大学院を卒業した人たちは，このスタッフになるのが，進路候補のうちの１つになる（もちろん，それ以外の進路もあり，政府機関で働く人も多い）。

▌　どっちがいい？　▌

日本のやり方にも，米国のやり方にも，一長一短がある。米国方式は，どのような目的で法律案ができているのかはっきりしているし，その法律案が当初の目的を実現できたかどうかを，後で評価することも比較的簡単だ。これに対し，日本方式だと，利害調整の結果として法律案ができてくるから，法律案が目指す目的も効果も曖昧なことがままある。

他方で，日本方式は，複雑な現実社会のあり方に適合しているかもしれない。病欠ルールの例でも見たように，法ルールを使うことで実現したいと考えている目的は，複数あり，かつ，複雑に絡み合っていて，「○○の目的実現のために××という法ルールを作るぞ！」と単純に割り切れない場合が多いかもしれない。そんなときに，さまざまな人の意見を聞いて利害調整を図ることで，できるだけ多くの人が納得できるような，「いい加減」——良い意味でも悪い意味でも——の法ルールを作れる可能性がある。米国方式は，切れ味のいい刃物なのだけれども，逆に切れす

ぎる，というわけだ。

　さらに，付随的な長所短所として，米国方式だと，各議員がバラバラに法律案を作るから，憲法を初めとする他の法律との整合性のチェックは不十分だし，使われていることばの統一性もないことが多い。これに対し，日本方式だと，内閣法制局がチェックするから，法律の統一感——その代わり，ことば使いは堅苦しくなるけれども——はあるし，憲法違反の法律なんてのもそう簡単には出てこないことになる。

▎ 日本も変わる？ ▎

　もっとも，ここまでに説明してきたような日米の違いは，極端化した比較で，実際には，両者の共通点もある。米国だって，利害調整や妥協がなされないわけじゃない。House of Cards という米国の政治ドラマがあるけれども，とても面白いので，是非とも一度見てみて欲しい（特にシーズン1）。

　他方で，日本も，最近，「証拠に基づく政策」を少しでも実現しようと頑張り始めている。日本の公共政策大学院の一部には，米国型の教育システムを採用しているところがあるし，いくつかの省庁や地方公共団体では，証拠——かっこよく言うと「エビデンス」——に基づいて政策を決めようとしているところがある。筆者は，データ大好き人間なので，日本がさらにこの方向へ進んでくれるとうれしいなと思っている。けれども，政策を決めるのに必要なデータがなかなか見つからない，という悩みは多く，一気に米国式の方向へと変わることはちょっと難しそうだ。

法学ってなに？

法学と2種類の「学問」

▌ 法学部から大学院へ進学すると ▌

　さて，最後に，大学，あるいはそれ以後の大学院などで「法学」を学んだり研究したりするというのは，どういうことなのかについて見てみたい。

　今までに見てきたように，法学が行うのは，基本的には2つの作業だ。1つは，法ルールが既に存在する条文を出発点として，どのような解釈が適切な（＝多くの場合には，「社会的に望ましい」）解釈なのかを探求したり，既存の条文・法ルールからいったん離れて，どのような法ルールが適切なのかを探求したりすることだ。前者が「解釈論」，後者は「立法論」と呼ばれる作業になる。いずれにせよ，どのような法ルールを設定することによって，社会をよりよい状態に導くことができるかを探求する点には違いがない。もう1つの作業は，既存の法ルール，および，その解釈を前提として，さまざまな事件においてどのような結論が導かれるかを判断する作業だ。こちらは，法ルールの適用と呼ばれるのだった。

　法学部においても，あるいは，法学部卒業後に大学院に進学しても，法学を学び研究するというときには，この2つの作業を意味することに変わりはない。もっとも，どこで学ぶかによって重点の置き方は違っている。裁判官・検察官・弁護士などの法曹実務家になることを目指す法科大学院では，法ルールの適用に重点

を置いて学ぶ（「研究する」というよりは）のに対し、研究者になることを目指す研究大学院においては、解釈論・立法論の方に重点をおいて研究を進めることが多い。

　では、大学院に進学して（あるいは、学部段階でも）、よりよい「解釈論」「立法論」は何かを研究するとして、どのように研究を行うのだろうか。この「研究の仕方」を理解するためには、大学で学ぶ学問には、大別して2種類のものがあることを知っておく必要がある。それは、「ディシプリン」を持っている学問分野と、「ディシプリン」を持っていない学問分野とである。

┃　ディシプリン　┃

「ディシプリン」というのは、あまり聞き慣れないことばだろう。これは、その学問分野に特徴的な方法論、つまり、分析手法のことを意味する。理系に属する学問分野だと、それぞれの分野ごとに決まった分析手法がありそうだ、ということは想像がつくかもしれない。たとえば、高校でも学ぶ数学だったら、数学のお作法に従って定理の証明などを行うし、物理や化学や生物であれば、さまざまな仮説を立てた上で、それらを実験によって検証していくことが多い。

　文系に属する学問分野でも、ディシプリンを持っている学問分野はある。その典型例は経済学だ。経済学にもさまざまな流派があるけれども、経済学の基本的な発想は、「人間は合理的に行動する」という単純な仮定から出発して、人間の行動や社会の動きを説明しようとすることだ。人間行動や社会についてさまざまな仮説を立て、さらにはデータを使って仮説を検証していく。

　心理学も、経済学と同様に、ディシプリンを持つと言えそうだ。

心理学は，人間の内面に関するさまざまな仮説を立てた上で，それを実験などを通じて検証していく。

┃　ディシプリンを持たない法学　┃

これに対し，同じ文系に属する学問分野の中でも，法学・政治学・経営学・会計学などは，ディシプリンを持っていない。これらのディシプリンを持たない学問分野は，特徴的な分析方法を持っているわけではないから，「こういう分析の仕方をします」という形では学問分野を特定することができない。その代わりに，「こういう**対象**を分析します」と，何を分析対象に取り上げるかによって学問分野が特定されることになる。

たとえば，法学であれば，法ルールが分析対象になるし，政治学であれば，政治活動が分析対象になる。経営学であれば，企業の経営が分析対象だし，会計学であれば，「会計」が分析対象だ。

逆に，ディシプリンを持っている学問分野は，分析対象の縛りがない。おそらく，その一番極端な例が経済学で，経済学の方法論を使うことによって，法ルールでも，政治活動でも，企業経営でも，家族関係でも，およそ人間の行動に関するものであれば，何であっても分析することができる。

もちろん，ディシプリンのあるなしは，程度問題だ。ディシプリンだけでなく，分析対象によっても特定される学問分野は多くある。たとえば，物理と化学は，（私のような門外漢から見ると）類似したディシプリンを持っているけれど，分析対象によっても区別される側面が大きいかもしれない。また，歴史学は，古文書などを活用して過去の事実を明らかにするというところまでは特徴的なディシプリンを持っているけれども，そのあと，明らかに

なった過去の事実をどのように説明するか（たとえば「なぜ，あの戦争は起こったのか」）についてはディシプリンを持っていない。

▋ 文系・理系の区別 ▋

　ちなみに，高校の進路選択では，数学ができるかできないかで文系・理系を選ぶことが多い。先ほどの説明からすると，これも間違いだと分かるだろう。文系と理系とは，基本的に，分析対象によって区別されている。自然を相手にするのが理系（「自然科学」）で，人間や社会を相手にするのが文系（「人文科学」「社会科学」）だ（細かい例外はあるけれども）。どちらに進むべきかは，自分が何に興味があるかによって決まる。

　数学は，分析の道具だ。大学で学ぶ学問分野のディシプリンの多くでは，数学を使って分析をすることが多い。特に，理系に属する学問分野では，ほぼ数学が必須だ。でも，文系に属する学問分野でも，数学を道具に使うディシプリンを持っているものはある。経済学はその典型例だ。だから，文系なら数学はいらないのではなくて，文系でも，ディシプリンによっては数学は必須になるのだ。後述するように，法学や文学ですら，数学が必要になることがある。

法 学 の 研 究

　ともあれ，法学が，分析対象（法ルールを分析する）によって特定される学問分野であり，固有のディシプリンを持っていない学問分野であるということは，法学の研究のあり方に大きな影響を与えている。

▌　法学は科学か？　▌

　法学は，文系の中では「社会科学」に区分される分野だ。では，法学は「科学」なのだろうか？

　科学には，いろいろな定義の仕方があるけれども，ここでは次のようなスタイルだと考えよう。科学は，現実世界をうまく説明するための方法を探すためのお作法だ。現実を観察することで，「こういう風にすれば現実をうまく説明できるんじゃないか」という仮説を立てる。その上で，その仮説によって，現実世界のデータ（実験など）をうまく整合的に説明できれば（＝検証できれば），その仮説はおそらく正しい。けれども，もし，仮説とデータが矛盾するのであれば，その仮説はどこか間違っているはずだから，新しい仮説を考えなければならない。このサイクルを繰り返すことで，仮説をアップデートしていき，現実世界をよりうまく説明できるようになるようにつとめるのが，科学だ。

　でも，法学は，このような意味での科学ではない。本書で何度も見てきたように，法学が取り組むのは，どのような法ルールであれば，それが目指すより良い社会を実現できるか，という問題だ。この問題に対する「正解」はない。そもそも，何が「より良い社会」（社会目的）なのかについては，人によって意見が違う。さらに，その目的を実現するために，どのような要件・効果の組み合わせが望ましいのかについても，時代背景・社会背景などに応じて答えは変わってくる。

▌　法学は科学を利用する　▌

　法学は，現実世界を説明するための方法を編み出そうとする学

問分野ではなく，むしろ，現実世界をどうしたらよいのかを考える学問分野なのだ。そうすると，法学そのものが科学なのではなく，法学は，他の科学の成果を利用する立場だと言える。

　たとえば，ある要件・効果（法ルール）を設定したときに，人や社会に対してどのような影響が生じるだろうか，という問題を考えるにあたって，実は法学そのものは答えを持っていない。けれども，経済学・心理学・社会学など，他の社会科学は，人間や社会に対してさまざまな刺激があったときに，どのような反応がおきるのかを研究しているから，それらの力を借りて，法ルールのもたらす影響を予測できる。

　だから，法学を学び，研究するにあたっては，法学だけを勉強していても十分ではない。できるならば，法学以外のさまざまな分野の知識も，学んでいた方が有益だ。

▌　通説・多数説・少数説・有力説　▌

　法学が科学でないことの1つの現れとして，法学には，通説・多数説・少数説・有力説なんて奇妙なものがある。通説＝ほとんどの人が支持している考え方，多数説＝多くの人が支持している考え方，少数説＝少しの人しか支持していない考え方，有力説＝影響力のある人が支持している考え方，だ。

　要は，支持している人の数の多い少ないか，あるいは，誰が支持しているかで，考え方の望ましさが決まってくるという話なわけである。前に述べたような科学に慣れた他の分野の人からすれば，そんなバカな，と感じられるに違いない。だって，どの考え方（仮説）が正しいかは，現実の観察や実験（あるいは論理）に照らし合わせて決まるはずで，サポートする人の人数で決まるわけ

ではないからだ（一応，医学などには，メタアナリシスというのもあるけれども，それも結局はデータを見ている）。

　法学が，科学とはかけ離れたこんなスタイルを持っているのは，法学が，法ルールの目指すべき目的すら意見の一致がないなかで，「どうすればより良い社会が実現できるか?」という問題に取り組もうとする学問分野だからだろう。誰にも正解は分からないから，「みんながそう言っているのなら，多分それでいいんだろう」という発想で，通説・多数説が注目されるわけだ。同時に，今現在，サポートする人は少ないけれども，時代背景・社会背景などが変わってくると望ましさが逆転するかもしれないから，少数説・有力説にも一応目を配っておくことにも，意味がある。

▌　法学の特徴?　その1　▌

　今まで見てきたように，法学にはディシプリンがない。じゃあ，法学ではどのように議論をしても自由なのか，というとそうでもない。法学にもいくつかのお作法がある。法学のお作法は，①法ルールは，人々の行動と社会をコントロールするためのツールであること，②法ルールはことばで書かれていること，に由来する。

　法学のお作法の1つ目は，「似たような状況は，似たように処理する」というものだ。法ルールは，人や社会をコントロールするためのツールだ。法ルールの適用を受ける側からすれば，似たような状況であれば，似たような処理を受けることを予測して行動するだろう。にもかかわらず，違う処理を受けてしまっては，どう行動したらいいか分からなくなってしまう。法ルールによってどのようなインセンティヴが設定されているのか，分からなくなってしまうわけだ。

たとえば，新しい法ルールを作るときには，以前に作られた法ルールと整合的な内容にした方がいい。裁判所が判断を下すときも同じで，以前に下した判決と整合的な判断を下した方がいい（専門用語で「先例拘束性」と呼ぶ）。多くの法律家が，「先例」，つまり，「以前にどのような処理をしたのか？」を気にするのは，この辺に理由がある。

　もちろん，この法律家特有の「先例はどうなってる？」という思考様式にも，デメリットがある。何が望ましい法ルールなのかは，時代背景・社会背景が変化すれば変わってくるし，そもそもの目的が変わってくれば当然に変わってくる。だから，以前は望ましい判断であっても，今現在は，もはや望ましい判断ではなくなっているかもしれない。そんな場合には，先例から離れることも重要だ。

▌　法学の特徴？　その2　▌

　法学のお作法のその2は，法ルールを「平等に」適用する，というものだ。法ルールは，要件・効果の組み合わせをことばによって書き留めたものだけれども，その要件を充たす限りにおいて，誰に対しても同じように適用される。

　ルールを作るときには，「○○な人には，××なインセンティヴを与えよう，そうすれば，△△という目的が実現できる」と考えながら作っているわけだ。この「○○な人」には，自分が入るかもしれないし，入らないかもしれない。自分の好きな人が入るかもしれないし，入らないかもしれない。自分の嫌いな人が入るかもしれないし，入らないかもしれない。ともかく誰であっても，「○○な人」に該当すれば，法ルールが発動するし，該当しなけ

れば発動しない。

　つまり，法ルールは，よく言えば「忖度なし」に，悪く言えば「形式的に」適用されるわけだ。そうしなければ，ルールを作るときに考えていたインセンティヴがうまく機能しないことになってしまうからだ。「○○な人」に対して「××なインセンティヴ」を与え，「○○な人」の行動をコントロールしようとしているわけだから，「○○な人」の中にインセンティヴが発動しない人が出てくると，その人の行動をコントロールできなくなる。

　そうだとすると，法ルールを作るときには，いろいろな人の立場に立ってみて，その法ルールが適用されてよいだろうか，ということを考えなければいけないことになる。実際，優れた法律家は，いろいろな人の立場やいろいろな状況に立って，その法ルールが適用されることが妥当かどうかをバランスをとりながら考えることに慣れていることが多い。

▌　法学の特徴？　その3　▌

　法ルールは，人々や社会をコントロールするためのツールだけど，ことばで書かれている点が大きな特徴だ。そして，「CHAPTER 4　法を使う」でも見たように，ことばで書かれた法ルールの意味合いは，必ずしも明確ではなく，「解釈」をしなければいけない場合が少なくない。

　いろいろなことばを「解釈」していくときに，その場その場で適当に解釈を組み立てていくこともできる。でも，法律家はしばしば，行き当たりばったりに解釈するのを嫌う。その代わりに，「理論」なるものを作って，その「理論」からいろいろな解釈を統一的に説明しようと考えることが多い。何でそんなことをする

のだろうか？

　実は，新しい解釈が必要になる場面というのは，次々に現れて
くる。法ルールを作ったときには考えてもいなかったような事件
が，どんどん新たに発生してくるからだ。それらの事件につい
て，法ルールが適用されるのか，それとも，されないのか，ルー
ルの解釈をしていくにあたり，行き当たりばったりに解釈をして
いっては，法ルールが適用されるのか，されないのか，予測が難
しい。法ルールの適用の有無に関する予測が難しいと，法ルール
が，人々に対するインセンティヴとしてうまく働かなくなってし
まう。

　これに対し，法ルールを解釈するにあたって依拠すべき「理
論」があると，まだ答えの与えられていない，新しい問題に対し
て，どのような答えを出すべきかが，比較的予想しやすい。「理
論」が，解釈にあたっての指針になるわけだ。

　もっとも，「理論」も先例と同じで，全ての場合に有益なわけ
ではない。時代背景・社会背景の変化や，研究者の予測もしなかっ
た新しい問題の発生などによって，「理論」に従っていては，か
えって望ましくない結論が導かれることもある。そんな場合には，
理論から離れることも必要だ。

　そうすると，「理論」の優秀さは，できるだけ多くの場面にお
いて，解釈の指針となるかどうか，によって決まってくることに
なる。優れた法律家は，さまざまな場面を想定した上で，それら
の多くを上手に説明できるような「理論」を考えつく。

▌　法学の特徴？　その4　▌
ここまでに見てきた法学のいくつかの「特徴」の背後にある

のは,「CHAPTER 3　さまざまなルール」でも説明したように,「社会にとって最適」な意思決定(ファースト・ベスト)ができない場合に,なんとか次善の意思決定(セカンド・ベスト)を実現するための手段が,(法)ルールだ,という点だ。

　もちろん,社会にとって最適な意思決定が常に実現できるのであれば,それに越したことはない。でも,そんなことは,現実には不可能だ。最適な意思決定を行うために必要なだけの知識や情報が入手できないことも多い。情報が入手できても,それを正しく使って判断できるとは限らない。あるいはそもそも,何が「社会にとって最適」なのかという目標について,人によって意見・価値観が食い違っているかもしれない。

　でも,そんな場合であっても,社会としては,どの方向に向かうのか,とにかく決めなければならない。たとえば,あなたが不注意で友人のスマホにぶつかって壊してしまったとしよう。この場合,あなたは,(もちろん「ごめんなさい」と謝った上で)スマホの修理代を弁償しなければいけないのだろうか,それとも,弁償しなくともよいのだろうか?

　この問いに対する答えが,「弁償しなければいけない」になるときも,「弁償しなくてもよい」になるときもあるだろう。しかし,「どちらなのか分からない」では困る。

　どのような場合に弁償する必要があるのかという問題に関する,社会にとって最適な意思決定のあり方——「正解」のようなもの——が,常に分かればよい。けれども,そんなものが常に分かるとは限らないし,仮に分かったとしても,あなたと友人との間で,答えが違っているかもしれない。でも,そんな場合であっても,とにかく何らかの答えを出してくれないと,あなたも友人

も，この先に進めない。

　先ほども説明したように，法学は，経済学・心理学・社会学など，他の社会科学（さらには自然科学）の力を利用する立場にある。法学が，他の社会科学と袂を分かつ——と表現するのは，大げさかもしれないが——のは，この点だ。

　他の社会科学を学ぶことによって探求できるのは，「何が社会にとって最適な意思決定になるのだろうか」という問いに対する答えだ。法学は，それよりももうちょっと，現実的な，あるいは，「世知辛い」問題に取り組むことになる。

　私たちは，必ずしもそのようなファースト・ベストの意思決定を行えるとは限らない。そのために必要な情報がないかもしれない。それを判断するのに必要な能力を持っていないかもしれない。人によって価値観が違うかもしれない。誰が意思決定するのか（裁判官？　公務員？　政治家？　社長？　先生？　みんな？）によって，これらのハードルの大きさや形は違ってくる。それらのハードルを考慮しながら，「ルール」という形でなんとかセカンド・ベストの意思決定ができるように制度——それも，「ことば」を使って——を組み立てていくのが，法学の知恵なのだ。

　法学を学ぶということは，さまざまな制約の下で，先人たちが，ファースト・ベストは実現できないまでも，せめてなんとかセカンド・ベストを実現しようと努力してきた知恵を学ぶことだ。この意味で，法学を学ぶことで得られた知恵は，将来皆さんが，人々の行動——それが，社会全体であっても，あるいは，会社や，サークル・クラブのような小さな組織であっても——をコントロールしなければいけないような立場になったとき，きっと役立つことだろう。

さまざまな法学の研究

　ここまで見てきたように，法学の研究では，どのような法ルールが社会的に望ましいかを考えていくわけだけれども，具体的には，どのようにして考えるのだろうか。ここでは，2つの研究手法を紹介しよう。

▌　判例評釈　▌

　1つめの方法は，判例評釈（あるいは判例研究）と呼ばれる研究手法だ。これは，実際に発生した事件に対して，裁判所が下した判決について，ああでもないこうでもないと検討を加えるものだ。そんなことをして，何の意味があるのだろうか？

　裁判所が下す判決は，確かに，その事件に関する判断でしかない。しかし，先にも述べたように，法学の世界では，「先例」が尊重される。裁判所は，確かに，「目の前にある『この』事件について，どのような結論を出すのが望ましいか」を考えて判決を書いているのだけれども，その判決は，「先例」としての意義を持つ。つまり，将来，似たような事件が裁判所に持ち込まれたならば，裁判所は，おそらく同じような判断を下すだろう，と予想されるのだ。そうすると，裁判所の書いた判決は，法律ではないのだけれども，やはり法ルール「的」な働きを持つことになる。

　そうすると，裁判所の判決に対する検討も，単純に，「この事件において，この判断は妥当か？」ということだけの検討に終わらない。将来，似たような事件にも適用される可能性のある「法ルール」なのだとすると，その判決は「法ルール」として果たして妥当なのか（適切なインセンティヴを与えているのか），とか，ど

のような事件であれば「『この』事件と似ている事件だから，同じような判断が下される」と予想されるのか，などといった検討を加えていくことに意味が出てくる。

　そして，もし，あなたの検討が説得的であれば，裁判所が将来，あなたの提案を受け入れて，それに沿った判決を書いてくれるかもしれない。そうはならなかったとしても，将来，日本の社会がどうなっていくかは分からない。そんなときに備えて，いろいろな考え方をさまざまな法学研究者が提示し，裁判所が将来とることのできる選択肢を増やしておくことも，判例評釈の大事な任務だ。

▎ 比 較 法 ▎

　法学研究者が，望ましい法ルールのあり方について提案を行うとき，全くの白紙から提案をする，ということはあまりない。しばしば行われているのは，海外の法制度を調べた上で，「日本も，こんな法ルールを採用してみたらどうだろうか」と提案することだ。この研究手法は，海外の法ルールと日本の法ルールを比較しているので，「比較法」と呼ばれる。

　日本史の近現代史を学んだことのある人であれば，明治維新の後，不平等条約を改正するために，西洋諸国と同じような法律を日本に導入しなければいけないということで，フランスやドイツの法律をまねたものを，日本に導入する動きがあった，ということを知っているだろう。あれも，「比較法」と言える。

　ただ，比較法には，いいイメージを持っていない人もいるかもしれない。「出羽守（でわのかみ）」ということばが批判的に使われるように，「ドイツ『では』……」「フランス『では』……」「ア

メリカ『では』……」などと，外国で使われている法ルールを紹介し，それらをそのまま日本でも採用すべきだと主張するなんて，思考停止じゃないか，というわけだ。あるいは，「ヨコのものをタテにする」という言い方も，外国語（横書き）を日本語（縦書き）に言い換えているだけで，「学問」に重要なオリジナリティ（新規性・独創性）なんてなにもないじゃないか，という批判を含んでいる。

にもかかわらず，法学研究の世界では，比較法という研究手法が，未だに一定の重要性を持っている。その理由は，法学を含めた社会科学の世界では，実験をすることが難しい，ということにある。

すなわち，法ルールの望ましさを，その法ルールが目指す社会目的を実現できるかどうかによって判断しようとしても，その法ルールがその社会目的を実現できるかどうかを確かめることは，実はかなり難しい。これが，物理や化学の世界であれば，実験室で実験をすることによって，ある法則が正しいかどうかは確かめることができる。けれども，法ルールについて実験を行うことは難しい。

たとえば，「高校の1学級の大きさは，20人以下にしなければならない」という法ルールがあったとしよう。この法ルールは，「少人数教育の方が，教育効果が高まるから，学級の規模を小さくすることによって，高校生への教育効果を高める」という目的で導入されているとする（念のため言っておくと，少人数教育の効果には，かなり疑問が投げかけられている）。この法ルールの望ましさを判断する実験を行うためには，「20人以下の少人数学級」と「20人より大きい大人数学級」とをランダムに（＝くじ引きで）割り

振って，それぞれの教育効果を比べればよい。

　でも，そんな実験を行うことは，現実には難しい。皆さんが，この実験の対象の学生になった場合を想像してみて欲しい。自分は少人数学級がいい，いや，大人数学級がいい，といった希望を持つ人も多いだろう。けれども，そんな希望は無視して，ランダムにいずれかの学級に割り当てられるわけだ。そんなの嫌に決まっている。

　日本で新しい法ルールを導入するときに，そのルールを適用する人と適用しない人とをランダムに割り振って，結果を比較することは，通常は難しい。比較法は，そんなときに，貴重なデータを提供してくれるのだ。

　「○○という国で，××という法ルールが使われました，その結果，△△という結果が発生しました」というデータは，もちろん，現在の日本とは，社会背景・時代背景が異なるから，ストレートに比較できるわけではない。けれども，社会条件などの違いを考慮に入れつつ，適切なやり方で（これが結構難しい）比較すれば，「日本で同じような法ルールを導入したらどうなるか？」という問いに対して，重要な示唆を与えてくれる可能性があるのだ。

　「法制史」と呼ばれる研究分野も，比較法に似ている。法制史とは，過去の法ルールのあり方を文献等を渉猟することで明らかにしていく研究分野だ。もちろん，過去の歴史を調べることは，歴史小説や歴史書などが人気のジャンルであることからも分かるように，それ自体，楽しいことだ。それに加えて，過去の法ルールが，どのような時代背景・社会背景の下で成立し，どのような効果を持っていたのかを知ることは，現在の私たちにとっても，有益な情報になる。

　この法制史の1つの例が，「ローマ法」と呼ばれる研究分野だ。ローマ法とは，古代ローマ（世界史を勉強した人なら分かると思う）において成立していた法ルールを研究するものだ。古代ローマは，イタリアの外のさまざまな文化・民族を征服してローマ帝国に組み込んでいくことで，「法ルール」が初めて本格的に必要となった時代だ。すなわち，1つの村の中のもめ事であれば，長老による仲裁でなんとか処理できる。これが，村の外を越えて，さまざまな人々が入り乱れる世界になると，「全ての人に同じように適用される，ことばによるルール」が必要になる。そんな要請から発達してきた，古代ローマの法ルールの中には，今現在も使われているさまざまな法ルールの原型となる発想を，たくさん発見することができるのだ。

法学部に行く？　それとも，他の学部に行く？

　ここまで，法学が，他の社会科学や自然科学と比べてどんな特徴を持っているか，そして，法学ではどんな「研究」をするのかを見てきた。それらを踏まえた上で，いったいどの学部に進学することがよいのか，メリット・デメリットを考えてみよう。

▌　法学部に行くと……　▌

　法学部に進学して学ぶのは，さまざまな法ルールの解釈や適用の仕方がメインだ。もちろん，日本の大学の法学部では，政治学科が組み込まれていることが多いので，政治学を学んでもよい。

　でも，どのような法ルールを作ったら，あるいは，どのような解釈をしたら，うまく人々や社会を動かすことができるのか，そ

の予測のためのツールは，法学部では必ずしも教えてくれない。経済学やら心理学やら社会学やら，ほかの社会科学を学ばないと，法ルールがどのように人々や社会を動かすのかについて，正確な予測は難しいかもしれない。幸いなことに，ほとんどの大学には，「他学部聴講」といって，他の学部で開講されている授業を聞きに行くことができるシステムを持っている。だから，法ルールの解釈や適用に飽きてきたならば，他の学部の授業をのぞいてみるのも一案だ。

▎ 他 の 学 部 に 行 く と …… ▎

　法学部に行くことのデメリットは，法学がディシプリンを持たない学問であるため，ディシプリンが身につかないことだった。ディシプリンがないと，どのような法ルールが良い法ルールなのか（人々の行動や社会をうまくコントロールすることができるのか）を判断するためのツールが足りないことになる。それなら，法学部に行くのではなく，他の学部に進学して，経済学・心理学・社会学におけるディシプリンをまずは身につける方がいいのだろうか？

　ディシプリンのある学問分野を取り扱っている学部に行くことによって，確かに，そのディシプリンを身につけることができる。でも，ディシプリンを身につけたら，すぐに，人々の行動や社会をうまくコントロールできるような法ルールのあり方を提言できるか，というとそう簡単ではない。

　人々や社会を上手にコントロールするためには，ディシプリンとして学んだツールに加えて，①その分野で既に存在している法ルールがどのような形で機能していて，それに何を付け加えれば

いいのかを知っていること，および，②どのような「ことば」を書けば，人々や社会を動かすことができるのかを知っていること，の2つが必要だ。この2つの知識は，法学部以外では教えてくれず，まさに法学で学ぶものだ。独学でできないこともないが，結構大変だ。

たとえば，経済学者の中には，さまざまな社会問題について積極的に発言している人たちがいる。このタイプの人たちの中でも，説得的な提言をしている人たちは，少なくともその分野については，法律家顔負けの知識を持っていることが多い。逆に，そこまで行かないと，見当外れの提言をしてしまう危険性が高まってしまう，ということになる。

▌ 結局のところ…… ▌

そうすると結局，あなたが，人々の行動や社会のあり方のどこかを変えたいと思ったとき，最初に法学部に行くことになっても，あるいは，他の学部に最初に行くことになっても，結局必要とされる能力は同じなのだ。その分野の法ルールに関する知識，法ルールを表現するためのことばの使い方，人間・社会のあり方を分析するツール（ディシプリン），の全てを総動員しなければならない。

もし，全部身につけたいというのなら，たとえば，まずは法学部に行って卒業した後，経済学や心理学の大学院に行って，ディシプリンを学び直す，なんて作戦もある。でも，それは，時間もお金もかかるし大変だ。どうすればいいのだろうか？

そんな場合に有効な作戦の1つが，「共同作業」だ。筆者のような研究者の世界でも，「共同研究」という形で，法学者とそれ

以外の分野の学者が協力しながらさまざまな問題に取り組むことがある。また，役所や企業においても，法学部出身者とそれ以外の学部の出身者とが協力してチームを作れば，互いに足りないところを補い合うことができるかもしれない。

　だから，あなたがどの学部を進学先として選ぶべきかは，自分の好みで選んでいい。もしあなたが，人々の行動や社会のあり方を，ことばというツールでコントロールしていくやり方全般について興味が持てるのであれば，法学部は，進学先として，望ましい選択肢の１つになる。これに対し，人々の行動原理や社会のあり方を知るための，ツールそのものに興味があるのであれば，それらのツールをディシプリンとして持っている学部（経済学部・心理学部・社会学部など）が，進学先の有力な候補になる。さらに，特定の分野——たとえば，「社会福祉」「教育」など——に絞って強い興味がある，というのであれば，ディシプリンではなく，その分野に関する，知識（法ルールを含めた）・ツールを教えてくれる学部（教育学部や社会福祉学部など）を目指すのもよいだろう。

私が
これを学ぶ理由
—— 先輩からの10のメッセージ

特殊スキル
「法の目」
で強くなる!

いい だ さち こ
飯田幸子
弁護士

　こんにちは。弁護士の飯田幸子と申します。

　私は, 大阪弁護士会で法教育委員会に所属しています。法教育用のゲームを開発したり, 高校に出張授業に行ったりしています。

　ある日, 出張授業に行った先の高校でこんな質問をされました。
「弁護士になってよかったと思うことは何ですか?」

　そのとき何と答えたかよく覚えていないのですが, その授業の後も, 私はこの質問について考え続けました。

　弁護士になってよかったこと。そのひとつの答えは, 「法の目」——法的視点を手に入れたことだと思います。ゲームっぽく言うと, 特殊スキルの「リーガル・アイ」ですね。

　どんな分野でも専門家というのは, たいていは特殊な目を持っているものです。顕微鏡を通せば, 人の目には見えない物体の細部が見えるように。望遠鏡を使えば, 暗闇の中に天体を見出せるように。専門家の目を通せば, 普通の人には見えないものが見通せ, その分, 物事を明快に理解できます。「法の目」も, 数ある専門家の目のうちのひとつです。これがあれば, 世の中で起きていることの解像度が上がって, ひとつひとつの出来事が, よりクリアーに見えるようになります。

　あなたの身の周りや社会で起きる出来事のうち, 何が正しくて何が正しくないのか。それを, あなたはどうやって決めていますか? 　カン? 　好き嫌い? 　それとも, 空気を読んで, みんなが言うことに合わせているのでしょうか?

　「法の目」は, そういうあいまいな判断はしません。法律家はだいたい,

次のように出来事を分析しています。

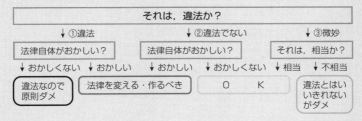

- ★ 根拠になる法律や契約の文言とその解釈／または判断の理由をいえることが大切！
- ★ 「それは違法か？」の選択肢に「微妙」が入っていますが,実は,違法か違法でないかは,そこまでハッキリ白黒つけられないケースも多いです。

　「法の目」を使って, 自分の頭で「法的判断」ができるスキルがあれば,「これ, 変じゃない？」と思う出来事に遭遇しても, 流されたりごまかされたりせずに, スッキリ物事を理解し, 自信を持って進んでいけるようになります。もちろん, たくさん法律や判例を勉強したり, 多くの事件を経験したりすれば,「法の目」スキルはどんどん磨かれ, 鋭く, 強力になっていきます。知恵は力です。力は自信になり, 持ち主を強くしてくれます。

　弁護士になってよかったこと。それは,「法の目」を得て強くなれたことです。——あの日質問してくれた高校生に, 今なら私はそう答えると思います。

そんな君に
勧めたい法律学

井田　良
中央大学教授（刑法）

　私は，法律学を仕事に選んだことで後悔したことは一度もありません。もしタイムマシンで過去にもどれるとしたら，経済学もきちんと勉強すると思います。経済の知識がないため社会の仕組みがよく分からないと感じることが多いからです。でも，大学進学にあたっては，やはりまた法学部を選ぶことでしょう。

　高校時代には，将来は人助けをして人から感謝される人間になりたいと思いました。そこでまず，医者になることを夢見たのです。でも，私は典型的な文科系の頭の持ち主であり，数学が不得意だったので，早々に諦めざるをえませんでした。1つの正解以外はすべて誤りと切り捨てる，数学のような科目は，機械的で，人間的な温かさのかけらもない，自分とは無縁の存在と感じさえしたものです。

　次の夢は，文学部に進んで小説家になることでした。でも，将来があまりに不確かでした。その才能がないかもしれないし，才能の乏しさを日々の努力でカバーできるものかどうかもわからない。作家として身を立てようとすれば，運やツキにも翻弄されそうです。むしろ自分が求めているのは，勉強したことが目に見える形で学識や知的能力として自分の身に付き，人並み外れた才能がなくても，日々の地道な努力さえあれば立派にやっていける，そういう学問分野でした。

　そうして，最後にたどり着いたのが法律学だったのです。それは，数学ほど機械的で冷たくはなく，文学ほど主観的で不確かではありません。こ

つこつと毎日努力して積み上げていく，そうすれば，その継続的な努力が報われる学問です。法の世界とは，凡庸な人間にもそれなりの立派な居場所が与えられる世界なのです。しかも，法律家もまた，人助けをする仕事です。病気を治してもらった人が医師に対して心から感謝するように，やっかいな法律事件を解決してもらった人は，弁護士に感謝の気持ちで深く頭を下げるのです。医者も弁護士も，大学で学んだ学識と知的能力を用いて人を窮地から救い出すことのできる職業として共通しています。教壇に立つのでもない人が「先生」と呼ばれることには理由があるのです。

　そう，法律家はエンターテイナーでもあります。人前で話すことも多いですし，自分の個人的見解を述べるというのでなく，依頼者の立場に立ち，できるだけ有利になるように主張を組み立てなければなりません。社会から批判を浴びている人の弁護をして，社会の大多数を敵に回さなければならないことだってあるでしょう。依頼に応じて，シリアスなドラマにもコメディにも対応し，主人公役も，脇役も，ときには敵役や悪役も演じなければならない俳優に似ていると思いませんか。

　もし君が，将来，困った人を救って感謝される仕事に就きたいと考えていて，自分は天分には恵まれていないが，毎日こつこつと努力はできると思っていて，そして，映画やテレビのドラマやバラエティ番組も大好き，というのであれば，そんな君に法律学はいちばんのお勧めです。

法の二面性
と矛盾

大屋雄裕
慶應義塾大学教授（法哲学）

　法には権力の動作を予告し制約する機能があると，憲法学や刑法学では強調されていると思います。たとえば窃盗罪を10年以下の懲役等に処すと予告した刑法235条は，直接的には裁判官に対して科刑基準を示したものですが，同時に我々市民が窃盗罪によってそれ以上の刑を科されないことを保障してもいるでしょう。いかなる刑罰規定にも該当しない行為を理由として処罰されることはないという点も，権力への制約として機能しています。その機能を現実のものとするためにあらゆる法は事前に制定され公布されていなければならない，我々がその内容を知り，それに応じて行動を変容させ，それに反する事態が生じれば異議を申し立てることができるようなものでなければならないというわけですね。

　だがときに法は，これと異なる相貌をあからさまにします。なにも刑罰法規の弾力的な活用——宗教過激派に接触したとおぼしき人物を私戦予備罪で捜査するような——を想定しているのではありません。いわゆるサラ金をめぐる一連の最高裁判決，あるいは中古ゲーム訴訟における消尽法理の著作権法への導入といった対処はいずれも，事前に示された法文からは予測しがたく，だが人々に歓迎されるような帰結をもたらしたものだと考えるべきでしょう（という話を，『裁判の原点——社会を動かす法学入門』（河出書房新社，2018年）という本で書いたのです）。

　事後に判断される実質的な正しさを，事前に規則を定めることを通じ

て確保しようとすること。その両者がズレた場合（たとえば飛行機事故で墜落した雪山から生きて帰るために他の乗客の死体を食糧にすること（アンデスの聖餐事件）は死体損壊罪に問われるべきだろうか）の調停策を，あるいは規則として（たとえば緊急避難），あるいは属人的な制度として（たとえば国王による恩赦）組み込んでいくことが法というシステムの複雑怪奇であり，かつ特異で魅力的な側面なのではないでしょうか。

　もちろん，このように法に対して距離を取った（detached）視点を取ることは，現存する制度としての法を理解し運用するために必ずしも有益ではないというのも，また事実です――「すべてを疑おうとする者は，疑うところまで行き着くこともできないだろう」（ウィトゲンシュタイン）。何かを疑うためには，システムの内部で一定の足場を確実なものとして想定する必要があります。それは，たとえば人権の擁護といった一定の結論への信念かもしれないし，規則やその基礎にある民主的正統性への忠誠かもしれません。

　そのどちらも持てない人，すべてに距離を取る人のためにおそらく，法学部のなかの異境である基礎法学という場所が用意されているのでしょう。法はある意味において，信ずるものから疑う人まですべてを包み込む出口なき迷路なのです。

　「どなたもどうかお入りください。決してご遠慮はありません」（宮沢賢治）。

高校生と法

おぬき あつし
小貫 篤
筑波大学附属駒場中高等学校教諭
（社会科・公民科）

高校生は法と関係がない？

　私は高校で公民科を教えています。「政治・経済」の教科書にはたくさんの法令がでてきますが，あまり高校生と関係がなさそうですよね。でも，こんな場面ならどうでしょうか。

　私が1時間目の授業をしていると，遅刻して教室に入ってくる生徒がいます。電車の遅延証明書をもってくることが多く，中には「鉄道会社が悪いのだから，遅刻はなかったことにして欲しい」という生徒がいます。こうした発言はおもしろいので，それをネタにして授業が脱線していきます。みなさんは，鉄道会社には時間通りに乗客を運ぶ義務があると思いますか。実は，これには，民法がかかわっています。

　こうした法が直接関係するものだけでなく，高校生活には法的な考え方をつかう場面がたくさんあります。例えば，文化祭で食品を扱うクラスが2つまでと決まっていた場合，その2クラスをどのように決めるでしょうか。また，茶髪にしてはいけないという校則があった場合，その校則は妥当かどのように考えればよいのでしょうか。このように，高校生と法は，意外と関係があるのです。

法はおもしろい

　みなさんはすでに将来やりたいことが決まっていますか。私が担任しているクラスの生徒は「将来やりたいことがわからない」といいます。当然だと思います。予測不能な時代に生きているのですから，やりたいことをす

ぐにみつけるほうが大変です。

　私は高校生の頃, 歴史が好きで将来は歴史学者になれたらいいなと漠然と思っていました。ところが担任の先生から「教育学部の社会科にいけば歴史の勉強もできるし教員免許もとれるぞ」といわれて, 教育学部に入ることになりました。大学や大学院で社会科の勉強をするうちに, 昔よりも今のことがわかるようになりたいし, 今がわかることが大切なのではないかと思うようになりました。そこで法教育と出会い, 今にいたります。

　みなさんも, いろいろなことをやっていく中でやりたいことが出てくると思います。とりあえずやってみることが大切ではないでしょうか。その「とりあえずやってみる」価値があるものの1つに法の学習があると思います。法には, ひとりひとりの人がみんな違うことを前提として, どのようにうまくやっていくかという人類の知恵がつまっています。法を学ぶことで, うまくトラブルを解決できたり, 何かの判断に迷ったときに整理して考えたりすることができます。また, いま起きている社会問題について考える手がかりを得ることもできます。例えば, 「パンデミックのときに誰にワクチンを与えるか」, 「AIを人と認めるべきか」, 「同性婚を認めるべきか」, 「死者のsnsを遺族が見てよいのか」などの社会問題を考えるときには法的な考え方が不可欠です。おもしろいし, 役に立つという意味でも, 法は学んでみる価値があるでしょう。

　将来何がしたいかわからなかったら, とりあえず法をかじってみてください。きっと, そのおもしろさに気がつくはずです。

社会問題への
関心が私の
出発点でした。

笠木映里
（かさぎ えり）
フランス国立科学研究センター研究員
・ボルドー大学（社会保障法）

　多くの読者にとって，法学部で何を学ぶのか，特に，法学部の教員が日々何を「研究」しているのかを具体的にイメージすることは難しいかもしれません。私自身のおぼろげな記憶を辿っても，法とは，法学とは，などと自分に問いかけることもなく，国際法を勉強して国際的な仕事がしたい，というような大雑把なイメージだけで，法学部を目指しました。

　大学1年生の時，労働問題などのさまざまな社会問題・人権問題と法の関わりを学ぶゼミに参加しました。当時社会の大きな注目を集めていた薬害エイズの問題について学んだこともよく覚えています。そこでの経験を通して，法というもの，あるいは法律家による法解釈が，社会で少数派にあたる人達や，孤立していたり困難な状況にある人達の大きな力になりうることを，当時の私なりに具体的な形で初めて理解したように思います。法についてもっと多様で複雑な見方がありうることを学んだ今になっても，こうした場面で垣間見える法学や法律家の役割が，私には最も美しく，また興味深く見えます。私が専門とする「社会保障法」への関心も，このような個人的体験と素朴な感動に結びついたものです。

　社会保障法は，医療・年金など，日常生活で誰もが一度は関わることになる社会保障制度を法的な観点から扱う分野で，労働法とあわせて社会法と呼ばれる分野を形成しています。近代以降の社会は，平等な関係の個人が自由な取引を行うという市民法の考え方（契約自由の原則）を前提として構築されていますが，現実世界でこの考え方を貫徹すると，色々と問

題が出てきます。労働者と企業の関係に代表されるように，現実社会の契約は必ずしも平等・対等な関係の当事者間で締結されるわけではありませんし，自助努力だけでは生活を維持できない人が必ず出てくるためです。これらの社会問題に，契約自由の原則の修正や国家等の行う金銭やサービスの給付を通じて対応しようとするのが，社会法です。

　社会問題への関心と並んで，私の研究の柱になっているのは，比較法研究です。日本の法学研究では，外国法と日本法との比較から示唆を得ようとする研究が活発に行われています。外国法を研究すると，類似の論点について日本とは異なるアプローチがされていたり，日本と類似の法制度が実際には異なる機能を果たしているのを発見することがあります。そうした発見を通じて，翻って日本法の理解を深め，全く新しい視点を得ることや，従来の議論の前提を疑うことが可能になります。私は，大学院での初めての論文執筆で，フランスとドイツの医療保険法を学びました。フランス語もドイツ語も初学者でしたから，毎日朝から晩まで暗号を解読するような日々が1年以上続きました。少しずつ，数行単位で論文や条文が読めるようになると，自分の世界と思考枠組みが大きく広がっていく感覚に強く魅了されました。

　5年前から，フランスに拠点を移し，日仏法の比較研究に軸足をおいた研究をしています。フランス語での暮らしにも，友人のみならず職場の同僚とも頬を寄せ合って「ビズ」をする異文化にも，だいぶ慣れました。ただ，これまで自分がよく知っていると思っていた日仏の社会法を，「フランスの研究者として」考え，発信することは想像していた以上に難しく，日々，高い壁を感じています。同時に，今日のフランスの研究者の日本法への関心が予想以上に高いことも分かってきました。この先にまた新しい世界が広がっていることを期待しながら，試行錯誤の日々が続きます。

古典の具体例
をたどる

こじましんじ
小島慎司
東京大学教授（憲法）

　本書を読んでいる皆さんは，法学部を高校での公民（今後いうところの「公共」）の勉強の延長線上に置いて想像する（していた）のではないでしょうか。実際，私の専門，憲法学についても，高校までの公民の授業でかなりのことを学びますので。でも，皆さんは，高校の国語の授業でも，日本の法学・政治学の古典の1つを読んだことがある（まだの人もいずれ読む）はずです。政治学者丸山真男の「『である』ことと『する』こと」という文章（『日本の思想』〈岩波新書，1961年〉所収）がほとんどの教科書に載ってきたからです。国語の教材ではありますが，民主政を主題にしており，これもまた，高校の教室と法学部の接点となってきたといってよいと思います。

　ところで，丸山の文章，分かりやすかったでしょうか。先ほど「古典」といったのは，反復吟味に値するとされてきた文章という程度の意味ですが，読めといわれて読んでみても，思いの外，論旨をくみ取れなかったのではないでしょうか。

　それはなぜか。私が思うに，丸山が当然の前提とした知識が，時が経つと，当然でなくなっているからです。古典には，前提とされた文献が引かれないことも多いですし，引いてあっても普通はそこまで調べてなどいられません。読み手も忙しいのです。だから，教科書に載るほどの定番の文章でも，読みにくいものだと思うのです。

　そんなときにどうするか。私が好きなのは，著者が自分の意見を読み手に伝えるために使っている具体例について調べることです。丸山の文章にも，例が次々と出てきます。たとえば，目立つものとして，2か所で引かれる「警職法の問題」があります。この例の調査は，次のように進むのではな

いかと思います。

この文章は, 元々, 1958年10月の市民向け講演会で語られたものとのこと。丸山は当時ホットな話題として警察官職務執行法事件を引き合いに出したのだろう。そこで, 日本史の教科書から出発してみる。同年に, 岸信介内閣が, 警察官の権限強化を狙って警職法改正案を国会に提出したが, 反対運動で改正を断念したとの記述に出会う。さらに, 図書館で当時の新聞を見てみる。そうすると, 反対運動の内部に対立があったことに気づく。そうか, 丸山のこの部分はこれを指しているんだな——このように調べながら読むと, 当初, 抽象的と思えた文章が生々しい現実と切り結ぶものであったと腑に落ちると思います。

さて, 私たちの社会では, どんな行動をするべきかを判断する基準は, 各人の内面にあるはずです。先ほど私が「民主政」と呼んだのはそのような社会を指しますが, その民主政の下では, しかし, 人々は, 判断を簡単に他人に委ねてしまいがちです。仕事や生活に忙しいですから。これは民主政のいわば自己否定なのですが, 丸山の文章が民主政に関わるというのは, もっと特定していうと, この自己否定に関わる, ということだと私は思います。そして, その主題は私たちにも無縁ではないとも思うのですが, どうでしょうか。「みんなちがってみんないい」といいつつ, 誰かが叩き始めると, 各々自分がお得だと判断したからと, ひるんだ相手を叩いてはいないでしょうか。このような判断の丸投げを避けるにはどうしたらよいでしょうか。これは古くから考えられてきたテーマの1つで, 私も, 法学を通じて, このような主題について考えています。

効率よく知識を身につけ, 公務員や弁護士になることは昔からの法学部生の生活ですし, 私もそれを助けられるように努力しています。しかし, それと両にらみで, 古典の文章の具体例をたどり, 民主政についての問いを受け継ぐことも, 「手に職」というのとは少し異なりますけれど, 大学で法学を学ぶ意味といってよいのだと思っています。

社会との
つながりを
感じて

しま だ ゆう こ
島田裕子
京都大学准教授（労働法）

　私が法学に興味を持ったのは，大学1回生の秋でした。既に他学部に入学していたのですが，一般教養として法学部の講義が他学部生にも開放されており，それを受講したのがきっかけです。初学者向けの家族法の講義だったのですが，家庭に関する揉め事（不倫や離婚など）が起きたときにお金でどう後始末するのか，という法学のスタンスがなんとも生々しく，社会をリアルに感じられるような気がしたのを覚えています。その翌年，私は法学部へ転部し，せっかく法学部に来たのだから法曹資格も取りたいと考え，法科大学院に進学することにしました。

　法科大学院では，大学での講義だけでなく，弁護士事務所で見学をさせていただき，またアルバイトをする機会もあり，初めて弁護士という仕事を実際に見ることができました。企業同士の紛争から，交通事故の被害者の相談，刑事弁護といったさまざまな生の事案を見せていただきましたが，どのような案件でも依頼者に寄り添い，全力を尽くし，そして感謝されるという弁護士の仕事は，この上なく魅力的であると感じました。大学や大学院で学んだ知識が，ストレートに誰かの役に立つということに感動したのを覚えています。

　しかしその後，法科大学院で初めて勉強した「労働法」という法分野に興味を持ち，進路を迷いながらも，研究者の道を選ぶことになりました。弁護士のように依頼者に感謝されるということはないですが，これはこれで楽しい毎日を送っています。労働法というと，「労働者を守る正義の法」というイメージを持つ方が多いかもしれません。実際に，そういうところもあります。ですが，やみくもに労働者に有利な制度をつくっておけばよいわけではなく，企業や使用者の利益とのバランスをうまくとっていくことが，結局は労働者のためになるでしょう（例えば最低賃金を時給1万円に上げれば，どうなるでしょうか）。そして，バランスをとると言っても，「このあたり」と適当に決めればよいわけではありません。確かに，感覚的なところもあることは否定できませんが，法学は一種の説得の学問でもありますから，できるだけ多くの人に納得してもらえる結論につながるような，ある程度一貫した理論をつくる必要があります。このバランスの取り方や理論構成は，国や時代によって大きく異なります。また，社会学や経済学など法学以外の分野の知見を取り入れることも有用かもしれません。現在，外国の法制度や隣接分野の勉強をしながら，いつか間接的にでも，どこかで社会の役に立てるといいなぁと思い，日々精進しています。

法学を学ぶ理由。
何だろう。

まつ い ひで ゆき
松井秀征
立教大学教授（商法／会社法）

　高校1年生のころ，私は漠然と国家公務員をめざし，法学部を受験の選択肢に入れるようになりました。そして今，私の勤務する大学でも，法学部学生の相当数が公務員になることを考えています。自分の進路には試験が存在し，その試験科目に法律科目があるから法学を学ぶ。それは，きわめてシンプルで，実際的な理由です。ただ，結局私は公務員試験を受けませんでした。どうも法学には，以上の実際的な理由を超えて，それを学ぶ魅力（というか，学ばせる魔力）があるような気がします。

　たとえば，実際の制度としての法を勉強していくと，「なぜ，こんな制度になっているのだろう」と思うことがあります。この文章を書いている今（2020年4月），私はアメリカの証券規制を研究するため，カリフォルニアにおります。カリフォルニア州は，新型コロナウィルスの感染拡大を防止すべく，早くに州知事の命令が出て，厳しい外出制限がかかりました。お店も，食料品店（レストランは持ち帰りのみ可）やガソリンスタンドを除けば，全く開いていません。違反者には罰則もあり，噂では皆でハイキングをしていたら罰金を科されたなどという話も聞きます。翻って日本の状況を見ると，新型インフルエンザ等対策特別措置法に基づく緊急事態宣言を出すのにも時間がかかりましたし，具体的な制限の内容もかなり緩く（罰則もない），お店を閉める範囲すら，国と東京都との間で相当に議論があったと聞きます。対応しなければならない問題は同じ——新型コロナウィルスの感染拡大防止——なのに，なぜ，そのためのアプローチがこんなにも違う

PART 2

法
学
を
学
ぶ
理
由
。
何
だ
ろ
う
。

のでしょう。

　これは，カリフォルニアと日本のどちらが正しいか，ということではありません。カリフォルニアが厳しい制度を設けて，これを厳しく運用し，日本が緩い制度を設けて，これを緩く運用するについては，それぞれの経済事情や社会事情があり，地理的・歴史的背景があり，それに強く拘束されるのではないか，ということです。たとえば日本の場合，国民の権利を制限する立法や措置に対しては，必ずと言ってよいほど，第二次世界大戦中にこれを厳しく制限した経験に触れられますね。このように，法について考えると，すぐその奥に，われわれの生きているこの世界の成り立ち，そして社会のありようが見えてきます。

　われわれが社会を編んで生活をする限り，人々の間を取り持つルールは必要不可欠です。また，そのルールを自覚的に作り，運用するには，そしてそれを理論的にしっかり支えていくには，充実した法学と，それを学んだ有能な人材が欠かせません。さらに，その法学を支え，実際の法制度の構築や運用に必要なのは，経済，社会，自然，歴史等に対する幅広く，また深い知見です。それは，きわめてダイナミックな，そして高い技術を求められる営みであり，私などは30年勉強していても，まだ思うようにならないのが実際です。でも，とても面白く，あきません。

　この本を読まれたみなさんが，大学で法学を学び，またそれ以外の学問も幅広く学んで，社会で活躍される日を心から楽しみにしています。

裁判は
つまらないか？
宮沢賢治への反論

山下純司
学習院大学教授（民法）

　宮沢賢治の「雨ニモマケズ」にこんな一節があります。

　北ニケンクヮヤ　ソショウガアレバ　ツマラナイカラヤメロトイヒ

　賢治の言いたかったのは，人と人とが利益をめぐって喧嘩をする姿は
みにくいし，それが訴訟つまり裁判にまで発展すれば，人間関係にヒビも
入ってしまう。身近にそんなことをしている人がいたら，「つまらないからや
めろ」と言ってやりたいということでしょう。

　小学校で初めてこの詩を知った私は，裁判というのは，喧嘩と同じくら
いつまらないものなのだろうと思っていました。私の父は弁護士だったの
で，ちょっとショックだったのですけれども。

　でも，大学は法学部を選び，入学してすぐ，模擬裁判にハマりました。架
空の紛争を想定して，原告と被告に分かれてディベートをし，勝敗を決す
るムートと呼ばれるゲームです。ムートは受け答えの巧さよりも，紛争を
解決するのに適切なルールは何かを調べたり，ルールがあてはまることの
論証を考えたりといった準備作業がものをいいます。原告の主張，被告の
反論，原告の再反論，被告の再々反論，……といったふうに，議論の筋道
を想像して，主張を作っては，大学対抗戦の本番に備えて，同じチームの
中で何度もディベートを繰り返します。やってみると，これがとても面白い
のです。予想通りの質問が来て，それにうまく答えられるのは気持ちよい
ですし，なにより互いの主張をぶつけ合ううちに，議論がどんどん洗練さ
れ，高度なものに発展していくのに，喜びを感じました。

　それと同時に，裁判に対する見方も変わりました。裁判では，ルールがはっきりしないところは，法解釈によりルールを確定していきます。そのとき，目の前の裁判に勝つために自分たちに都合の良いルールを一方的に提案しても，裁判官は採用してくれません。以前からの裁判と矛盾しないような，その後の裁判でも参考になるような，また裁判の相手方も受け入れざるをえないような，社会にとって望ましいルールを考えながら，法を解釈していく必要があります。法律家は，原告と被告に分かれて互いの主張をぶつけ合いながら，社会のルールをより洗練された，より高度なものへと発展させていくことになります。裁判は，そこで法律家が真剣に議論をすることを通じて，社会秩序を生み出す場となるのです。

　私の専門である民法は，市民と市民の関係のルールであり，つまりは身近な人の喧嘩に近い紛争も扱います。賢治のいうとおり，そうした争い自体はみにくいのかもしれません。ですが，それを解決するためのルールは，私たちがどんな社会に住みたいかという理念に従って，秩序立って存在しています。民法には，家族とはなにか，約束を守ることはどうして大事なのか，人はどういう場合に責任をとらなければならないのかといった，私たちの生き方の根幹に関わる問いが満ちています。私にとっての民法学というのは，決してつまらないものではなく，今の社会の秩序を教えてくれる窓であり，私たちがこれからどんな社会を作っていくべきかを考えるための道具でもあるのです。

漠然と
《正義》に目覚めて，
早や幾年

山城一真
やましろかずま
早稲田大学教授（民法）

　私が法学部に入ろうと思ったのは，中学生の時に，漠然と正義に目覚めたからです。理由は，特にありません（中学生って，そういうものじゃないですか？）。大学に入ったばかりの時，「法学は『パンの学問』ではない，正義の学問だ」と法学部長が挨拶したのを聞いて，「この先生はエライ人に違いない」と感動したものでした。

　それから20年が経ちましたが，何が正義なのか，答えは一向に見えてきません。それなのに本欄の執筆依頼を受け，正直のところ，ちょっと焦っています。あまり自信はありませんが，これまでに感じてきたことを書きますね。

　唐突ですが，あなたにはものすごく特殊な持病があり，それを治療することができる世界で唯一の名医にかかっているとしましょう。その医者がこれから旅に出て，連絡がつかなくなるから，万一のために処方箋を書き残していきました。運悪く，医者がいない間に病気の症状が出ましたが，いつもと違って，処方箋どおりに対処してもおさまりません。このまま処方箋に従うべきでしょうか。それとも，別の治療を試すべきでしょうか。

　思いつく解決は，おそらく2つでしょう。①効果が出ない治療に意味はない。処方箋に従っても病気の治療に役立たないならば，別の治療をしたほうがよい。②特殊な病気の治療方法なんて，だれにでもわかるわけではない。もっと良い治療があるかもしれないが，名医が残した処方箋に従うほうがよい。——どちらも筋の通った答えで，甲乙つけがたいように思います。

さて，《法とは何か》という問いに対する答えの１つに，《トラブルが起こったときに，正義に適った仕方で解決するためのルールだ》というものがあります。この点からみると，法を学ぶことの意義も，上の２つの解決と照らし合わせて考えられるように思うのです。

①　問題の解決に役立たないルールを適用し続けるのは，正義に反する。「悪法も法だ」と言われても，やっぱり納得はできない。法は，単調な命令をくり返す「強情で愚鈍な人間」のようなもので，自分で患者を看ることができない医者が仕方なく書いた処方箋くらいの価値しかない，とプラトンは言った。それならば，いまある法が望ましいものかを検証することこそが，正義ではないか。

②　もし「哲人王」がいるならば，その人が正義を見極めればよい。でも，そんな人は，現実の世界にはいない。優秀な弁護士や裁判官だって，間違えることがある。だから，手順を守って，なるべく平等にルールを適用することが大事である。あきらめのようだけれど，同じルールが同じように適用されなければ，不平等という不正義を犯すことになってしまう。

法を学ぶときに大事なのは，この２点を両方とも深めていくことではないかなと，私は感じています。つまり，一方で，どうやって法を適用すべきかを学び，考えること。他方で，何のために法があるのかを批判的に問い直すこと。

こうして2000年前と同じところをうろついていて，正義への道は遠いと気づくのですが，まあ，気長にやるしかないですね。

　本書を執筆するきっかけになったのは，先輩の一人である早川吉尚さんの著書『法学入門』（有斐閣ストゥディア）をめぐる座談会だ（「書斎の窓」647号・648号）。その座談会の中で，自分も，いくつかの高校に出かけて高校生向けの法学の模擬講義をしています，と発言したところ，後日，有斐閣の編集者の方から，その模擬講義をまとめて本にしてみませんか，とのお誘いを受けたのが発端だ。

　もっとも，早川さんの法学入門をはじめとして，世の中には既に，法学の入門書はたくさんある。それに，自分が法学部1-2年生の頃，いくつか法学入門という名前の付いた本を読んだことがあるけれど，それで「法学」が分かった気持ちにはあまりなれなかった。むしろ，その後，民法などの法学の科目（実定法学と呼ばれる）をいくつか学んだところ，その方が「法学」がどういうものかが分かった気になった。だから，あなたが法学部に入学してしまった新入生であるのなら，法学入門という名前の付いた本を読むのではなく，民法などの入門書を読むことをおすすめする。

　そんなわけで，有斐閣からのお誘いにはあまり気乗りがしなかった。けれども，高校生や高校の先生たちに法学がどのようなものかを説明してくれるような本がなくて困っているとの話を聞いて，少し気が変わってきた。高校の先生方の多くは，教育学部・文学部などの出身者が多く，法学部出身者は少ない。自分の出身の文学部や教育学部のことは分かっているし，理系の学部（理学部・工学部・医学部など）や経済学部はそこで何を学ぶかはだいたい想像がつく。けれども，法学部は分かりにくい。法学部に行くことにどんな意味があるのか，想像しにくいわけだ。

　この話を聞いて，それならば，高校生をターゲットに，法学部

に行くことの意味，あるいは，法学部ではない学部に行くことの意味を伝えることにチャレンジしてみよう，とやる気がでてきてできあがったのが本書だ。

そんな動機でできあがったこともあって，本書の「法学」に対する向かい合い方は，他の法学入門とはちょっと違う。本書の基本的な考え方は，難しい言葉で言うと，「法道具主義」とか「帰結主義」などと呼ばれる立場だ。CHAPTER 1 で見たように，法ルールは何らかの目的を達成するための道具（手段）だ，という考え方だ。実は，法学研究者の中では，このような考え方が必ずしも共有されているわけではない。だから，法学部に入学した後の授業で，本書とは違った形で法学を教える先生に出会うことも（きっと）ある。だいたい，本書のエッセイからしてバラバラだ。

けれども，法学の素人（たとえば，高校生や，筆者の妻など）に法ルールを説明するときに，この考え方で説明した場合に，なるほど，と分かってもらえることが多かった。おそらく，これが，一番単純で分かりやすいのではないかと思っている。

本書では，意図的に省いた話もある。法学入門書の中には，法学を学ぶと「リーガルマインド」なるものが身につく，それが法学を学ぶことの意義（の1つ）だ，と説明しているものがしばしば見られる。論理的思考力やプレゼン力が養われる，と説明するものも多い。けれども，筆者は，この辺りは疑わしいと思っている。「リーガルマインド」はなんだかよく分からないし，論理的思考力なんて他の学部でも養われる（特に理学部数学科とか文学部哲学科とか！）。

本書でも少し説明したように，法学の特徴は，「ことば」によって社会や人間をコントロールしていこうとすることにあるのでは

ないか，と筆者は考えている。この点をもっと詳しく分析してみることもできるのだけれど，それを始めると，「進路に悩む高校生（とそれを指導する先生）たちに，導きの星を与える」という当初の趣旨からずれていってしまう。そこで，本書では深く立ち入らなかったけれども，もし，リクエストが多ければ，改訂版を作るときに（もしもそんなチャンスがあればだけれども），加筆するかもしれない。

　最後に，本書のタイトルについて。本書のタイトルとして最初に考えたのは，

　ボーっと法学部に行ってしまわないための法学入門

　だったのだけれども，そんなタイトルをつけたら NHK に叱られる！ということで，お蔵入りになった。

　以上のような成り立ちでできた本なので，本書の完成は，筆者の模擬講義を受けてフィードバックをくださった，多くの高校生・高校の先生方のご協力なしにはできなかったと思う。深く感謝申し上げる。特に，2018年，2019年当時に在籍されていた，学習院女子高等科の衣川由莉香さん，齊田朱里さん，浜田峰央さん，筑波大学附属駒場高等学校　68期課題研究「法と社会」受講生のみなさん，福島県立福島東高等学校の生徒のみなさん，立教新座高等学校有志のみなさんには，多くのフィードバックをいただいたので，大変ありがたかった。また，貴重なエッセイをご寄稿頂いた先生方にも御礼申し上げたい。

2020年8月

森田　果

著者紹介

森田 果 (もりた はつる)

1974年　埼玉県に生まれる
1993年　私立開成高校卒業
1997年　東京大学法学部卒業
　　　　その後，東京大学大学院法学政治学研究科助手，東北大学大学院法学研究科助教授，シカゴ大学ロースクール客員准教授，東北大学大学院法学研究科准教授を経て
現　在　東北大学大学院法学研究科教授

〈主要著書〉
『実証分析入門──データから「因果関係」を読み解く作法』
（日本評論社, 2014年）
『数字でわかる会社法』
（共著, 有斐閣, 2013年）
『支払決済法──手形小切手から電子マネーまで（第3版）』
（共著, 商事法務, 2018年）
『人工知能の経済学──暮らし・働き方・社会はどう変わるのか』
（共著, ミネルヴァ書房, 2018年）

法学を学ぶのはなぜ？
──気づいたら法学部，にならないための法学入門

Introduction to Legal Studies:
What are the pros and cons of studying law at universities? Do not enter universities without any thinking!

2020年10月30日　初版第1刷発行
2023年12月25日　初版第5刷発行

著　者　森田　果
発行者　江草貞治
発行所　株式会社　有斐閣

郵便番号101-0051
東京都千代田区神田神保町2-17
http : //www.yuhikaku.co.jp/

組版　西垂水敦・市川さつき(krran)
印刷　株式会社理想社
製本　牧製本印刷株式会社

© 2020, Hatsuru Morita.
Printed in Japan
落丁・乱丁本はお取替えいたします。
★定価はカバーに表示してあります。
ISBN 978-4-641-12620-6